NOUVELLE ÉDITION

(6ᵉ mille)

GEORGES BERTRIN

AGRÉGÉ DE L'UNIVERSITÉ — DOCTEUR ÈS-LETTRES
PROFESSEUR A L'INSTITUT CATHOLIQUE DE PARIS

CE QUE RÉPONDENT

LES

ADVERSAIRES DE LOURDES

Réplique à un médecin allemand

METZ		PARIS
BUREAUX DU *LORRAIN*		LIBRAIRIE GABALDA
14, Rue des Clercs		90, Rue Bonaparte
	1911	

CE QUE RÉPONDENT

LES ADVERSAIRES DE LOURDES

NOUVELLE ÉDITION

(6e mille)

Georges BERTRIN

Agrégé de l'Université — Docteur ès-lettres
Professeur a l'Institut catholique de Paris

CE QUE RÉPONDENT

LES

ADVERSAIRES DE LOURDES

Réplique à un médecin allemand

METZ
BUREAUX DU *LORRAIN*
14, Rue des Clercs

PARIS
LIBRAIRIE GABALDA
90, Rue Bonaparte

1911

IMPRIMATUR

Metis, die 25 Junii 1910

J. B. PELT,
v. g.

Ce qu'on va lire n'est qu'une réplique.

Dans ces dernières années, une vaste controverse s'est engagée sur les événements de Lourdes, en France, et plus encore en Allemagne et en Italie.

Car le temps n'est plus où les adversaires du surnaturel n'opposaient aux récits miraculeux, venus des bords du Gave, que le superbe silence de leur dédain. Bon gré, mal gré, il a fallu les discuter et ils les discutent.

Or, au cours des récentes polémiques, des mains inconnues ont envoyé à quelques-uns, comme une sorte de défi, un modeste volume, que j'ai consacré à cette grave question.

L'un d'eux, un médecin allemand, vient de répondre par des « études critiques », où il ouvre en même temps son esprit et son cœur. On y voit les sentiments qu'il éprouve à l'égard de la foi de ses

*adversaires, et les raisons qu'il se donne à l'égard de
sa propre incrédulité.*

*Les sentiments ne sont pas très bons et les raisons
sont franchement mauvaises.*

*J'ai pensé que le public trouverait quelque profit à
en posséder la preuve.*

*C'est que l'auteur n'est pas le premier venu. Il est
digne de personnifier ces ennemis du miracle, qui
prétendent représenter la science et la raison, en face
de la foi ignorante et naïve.*

*A ce titre, ses « études » doivent être « étudiées » à
leur tour. Il est bon de savoir et de montrer, puis-
qu'ils nous en offrent l'occasion, ce que ces fiers libres
penseurs trouvent à dire, sur les faits extraordinaires
qui nous paraissent exiger l'intervention de Dieu.*

*Vous le verrez, lecteur, en considérant de près,
dans ces pages, les observations d'un de leurs cory-
phées. Un exemple aussi autorisé devra suffire à vous
convaincre.*

*Si vous étiez vous-même sceptique sur les choses de
Lourdes, comme l'écrivain à qui je réponds, peut-
être vous trouveriez-vous un peu surpris de la faiblesse des arguments, où se fonde le scepticisme le
plus persuadé de sa puissance. Mais ce serait, j'en
suis sûr, une découverte précieuse dont votre loyauté
s'applaudirait.*

Comptez-vous, au contraire, parmi les fidèles dévots des roches Massabielle? C'est avec une intime complaisance que vous mesurerez la valeur des pré-tendues « études critiques », dont on se fait une arme contre notre foi.

Car les voilà pris sur le fait, dans un cas typique, ces orgueilleux apôtres de l'incrédulité !

C'est un spectacle aussi agréable que salutaire.

J'ai eu la pensée de vous l'offrir.

Ne vous refusez pas le plaisir de le goûter.

G. B.

CE QUE RÉPONDENT

LES

ADVERSAIRES DE LOURDES

Réplique à un médecin allemand

COMMENT SONT NÉES CES PAGES

Il y a quelque temps, dans la *Metzer Zeitung*, un médecin de Metz, le Dr Christel, consacrait une série d'articles à mon dernier livre sur Lourdes : *Un Miracle d'aujourd'hui*.

Il paraît — c'est lui qui le raconte — qu'il était intervenu, d'une manière jugée un peu superficielle, dans une polémique récente engagée entre le docteur italien Gemelli et quelques médecins de Milan, adversaires du miracle.

Pour lui apprendre ce qu'il semblait ignorer, une main discrète lui adressa ce petit volume, où j'ai exposé et discuté la guérison merveilleuse d'une jeune fille de Tours, Mlle Tulasne, atteinte du mal de Pott, c'est-à-dire de la tuberculose vertébrale.

Le D C. a lu ces pages en ennemi qui s'est cru défié, et c'est le jugement d'un ennemi que ses articles font connaître.

S'il y montre suffisamment la sincérité de sa haine pour le surnaturel, en retour il n'y laisse pas assez voir la droiture de sa raison.

Et il n'est pas le seul à qui ce reproche s'adresse.

Car la plupart de ses idées sont communes à bon nombre de médecins de son pays — et peut-être de quelques autres pays. Il exprime leurs arguments ou du moins il s'inspire de leur méthode.

Le lecteur ne doit pas l'oublier, s'il veut donner sa portée véritable à la discussion qui va suivre.

I

BATTAGE ET COMPÉTENCE

On voudra bien me permettre de régler d'abord une question personnelle. Elle est trop liée à l'objet même du débat, pour que je me croie autorisé à la passer sous silence.

Sachez donc, chers lecteurs, que M. Christel m'accable de son dédain. Dès le début, il s'excuse d' « ennuyer » les abonnés du journal, en discutant devant eux l'ouvrage d'un incompétent, comme il s'est ennuyé lui-même en le lisant.

Il dénonce ailleurs mon « méchant griffonnage de novice », et, en bien des endroits, il me fait la leçon sur la méthode scientifique, avec l'air confiant d'un homme qui me dépasserait de cent coudées.

On me rendra cette justice, j'espère, que je n'ai pas tiré le premier. Mais puisque M. Christel me provoque, j'accepte le défi.

* * *

Il paraît donc démontré pour le fier docteur que je ne sais pas me servir de la science.

Quant à lui, — j'ai à peine besoin de le dire — il en connaît parfaitement tous les secrets, s'il faut l'en croire. Il la cultive, il l'aime, il s'y meut comme dans son élément naturel. S'il en parle sans cesse, c'est qu'il entend nous persuader qu'il en est plein, et qu'elle déborde de son esprit comme de ses lèvres.

Et même une méthode est plus ou moins scientifique, à ses yeux, dans la proportion même où elle s'approche ou s'écarte de la sienne, qui est le type et l'étalon.

Ce naïf orgueil pourrait être conseillé aux mélancoliques : car il doit établir l'homme dans un état de contemplation de soi-même serein et bienheureux.

Vous répondrez qu'il fait un peu sourire.

Voilà, en effet, l'inconvénient! Mais, après tout, l'inconvénient est léger : quel est donc l'homme, occupé et rempli de son mérite, qui entende les grelots du rire tinter discrètement sur ses pas? C'est une musique désagréable, dont le distrait l'encens qu'il se brûle à lui-même et qui l'enivre et l'étourdit.

* * *

M. le Dr Christel pense donc — et il veut qu'on le pense — que s'il possède lui-même l'esprit scientifique à un degré éminent, en retour, dans

une question médicale, votre serviteur ne saurait
d'aucune façon en être pourvu, n'étant pas médecin : ce serait un cercle carré (1).

On croyait jusqu'ici que l'esprit scientifique est
une face ou une qualité de l'intelligence, et que le

---

(1) Ces excès sont dangereux pour ceux qui les commettent.
En se donnant, avec tant de complaisance, pour les repré-
sentants mêmes de la science, le Dr C. et ses confrères allemands justifient, en ce qui les concerne, et provoquent à leur
rappeler les paroles sévères d'un chirurgien éminent, le plus
connu sans doute des chirurgiens français d'aujourd'hui, le
Dr Doyen. Dans une conférence publique, faite à Paris au
mois d'avril 1910, le Dr Doyen a regretté qu'il n'y eût pas, à
notre époque, un nouveau Molière, pour montrer les ridicules
prétentions d'un certain nombre de ses confrères. Il a ajouté
que beaucoup de savants, parmi lesquels Laplace, se sont
accordés pour soutenir que la méthode des médecins est tout à
fait différente de celle des véritables hommes de science. —
Recommandé au Dr C. et à ses amis.

A son tour, un médecin d'une renommée universelle, savant réputé, le Dr Roux, critique la formation que reçoivent
les médecins : « Les jeunes médecins qui sortent de nos
écoles, écrit-il, et sa parole s'applique à l'Allemagne autant
qu'à la France, sont aussi mal préparés aux recherches
scientifiques qu'à l'exercice de la médecine. » Cité dans
l'Éclair (5 mai 1910) par le Dr Paul Dégine, qui approuve ce
jugement.

Un profane n'a aucune qualité pour intervenir dans cette
querelle de famille. Mais personne ne lui défendra sans doute
de dire que de telles opinions, énoncées par de tels hommes,
sembleraient devoir imposer un peu de modestie aux médecins
qui attaquent Lourdes au nom de la science.

critique, qui en est doué, peut et doit l'apporter dans les diverses questions où son activité le conduit.

Il en était, et peut-être en est-il encore, comme du style.

Sous prétexte que j'enseigne depuis vingt ans, à la Faculté libre des Lettres de Paris, l'art d'étudier une question, de l'exposer avec clarté et logique, de réunir les idées secondaires autour de l'idée principale, pour en former un ensemble harmonieux, ai-je le droit de refuser à l'honorable docteur qui m'attaque le talent d'écrire lui-même une dissertation?

Oh! sans doute, je suis bien obligé d'en faire l'aveu : celle qu'il vient de produire ne le mènera pas à l'immortalité. Elle est lourde, obscure, diffuse, confuse, et d'une particulière maladresse dans l'art de composer.

Mais ce n'est qu'un accident malheureux, particulier à l'auteur, et le principe général n'en reste pas moins sûr : il n'est pas nécessaire d'être un « professionnel » de la littérature pour écrire quelques pages proprement sur un sujet déterminé. La tentation ne viendra jamais à aucun d'entre nous de réserver exclusivement la faculté d'exposer convenablement une idée à ceux dont c'est le métier d'en pratiquer l'art.

Pourquoi donc la compétence du médecin serait-elle plus ombrageuse que celle du littérateur?

Ce serait une intolérance que rien ne pourrait justifier.

Car sur une question précise et limitée, il n'y a point de raison pour qu'il n'arrive pas en médecine ce qui arrive en histoire, en géographie ou en physique : un esprit cultivé, habitué aux recherches et aux analyses, s'il veut apporter à cette étude le temps et les soins qu'elle exige, est parfaitement capable de faire l'exposé des opinions et de montrer l'enseignement qui s'en dégage.

Il n'est pas du tout indispensable d'être médecin. Il suffit de savoir lire, comprendre et conclure : ce qui n'est, je crois, le privilège exclusif d'aucune profession.

.*.

Et c'est particulièrement vrai au sujet des théories médicales, dont on use le plus souvent pour combattre le surnaturel dans les guérisons de Lourdes. J'entends les questions qui se rattachent à la thérapeutique suggestive.

On se demande, en vérité, sur quel fondement les médecins pourraient bien s'appuyer pour réclamer ici un monopole. Ce sont des questions — remarquez-le bien — qui ne s'enseignent pas officiellement dans les facultés de médecine. Les médecins, comme médecins, ne les ont donc pas apprises. Si quelques-uns les connaissent, c'est qu'ils les ont étudiées, pour leur compte, en hommes privés, si je puis dire ainsi, parce qu'ils en ont eu l'occasion ou le goût — comme vous ou comme moi.

Pour ma part, je m'en suis occupé longuement, je l'avoue, et je ne m'explique pas pour quelle raison je ne les posséderais pas aussi bien que le D* Christel, par exemple, qui, s'il ressemble à la plupart de ses confrères, a certainement consacré à cette étude beaucoup moins de temps que moi-même.

Il ne faudrait pas cependant que certains de ces Messieurs prissent le reste du genre humain pour un ramassis d'esprits inférieurs, incapables de comprendre ce qu'ils comprennent eux-mêmes, et condamnés à demeurer toujours très loin de la région élevée où leur propre estime les hisse.

Heureusement, ce sont des isolés, ils font tache au milieu des autres; mais ils sont compromettants.

Je l'ai déjà dit à l'un d'eux : Les Purgons et les Diafoirus sont morts, et, dans l'intérêt d'un corps respectable et respecté, il convient de former le vœu que quelques esprits pédantesques ne se donnent pas le ridicule de les ressusciter.

Du reste, la science médicale s'est souvent bien

trouvée qu'un autre art ait eu l'idée de voisiner avec elle. La médecine contemporaine serait-elle ce qu'elle est, sans les travaux immortels de notre grand Pasteur, — qui n'était pas médecin?

Tous les membres de la profession devraient en prendre leur parti, comme l'ont déjà fait les plus fins et les plus ouverts parmi eux : il est nécessaire qu'ils renoncent à réclamer une situation privilégiée, exceptionnelle, unique, au milieu de toutes les autres professions.

* * *

Celles-ci admettent aisément, j'insiste sur ce point, qu'un écrivain, dont ce n'est pas l'occupation ordinaire d'étudier ce qui les concerne particulièrement, y touche néanmoins, s'il en a l'occasion; et elles ne l'accusent point, pour cela, de prendre leur bien, comme un voleur, ou de violer leur sanctuaire, comme un sacrilège.

Est-ce que le Dr Christel, ou ses amis, ne s'occupent jamais d'aucune question théologique? Ne parlent-ils pas du miracle, par exemple, au moins à propos de médecine, comme je parle de médecine à propos du miracle?

Les théologiens essaient-ils de leur fermer la bouche, en leur opposant orgueilleusement leur incompétence? Ce qui serait une réponse facile, à la portée même des ignorants, mais ce qui ne prouverait que leur embarras, et n'établirait que leur impuissance?

Non, certes. Les théologiens s'en prennent non pas à la qualité de l'auteur, mais à celle de ses raisons.

Et voilà la bonne manière, la manière loyale, qui ne court pas après une diversion, et la manière scientifique, qui juge de l'ouvrage d'après les choses qu'il dit et non d'après la signature qu'il porte !

Dans une étude sur un sujet donné, ce qui montre la compétence, ce n'est pas la profession de l'écrivain, c'est la valeur de l'écrit.

.*.

Or, mes écrits témoignent-ils que, dans les questions médicales amenées par le sujet, je parle de ce que j'ignore? Ou prouvent-ils au contraire que je n'avance rien sans m'en être fait une idée scientifique exacte et précise? Voilà la question !

Puisque je suis attaqué, le lecteur voudra bien me permettre de me défendre, en apportant des témoignages autorisés et décisifs, malgré la bienveillance extrême dont ils contiennent l'expression.

Au cours d'une conférence assez récente, faite dans une grande ville de France, j'avais montré l'impossibilité absolue, pour le présent et pour l'avenir, d'une guérison instantanée dans une maladie organique, en m'appuyant sur la constitution même des êtres vivants, qui sont composés de *plastides*. C'est ce que je soutiens dans mon *Histoire critique des événements de Lourdes* (1), où le lecteur pourra prendre connaissance de l'argument, s'il en a le désir.

Or, j'avais justement pour auditeur, et je l'ignorais, le professeur de microbiologie de la Faculté de médecine.

Quelqu'un nous mit en relations après la conférence, et comme je demandais au docte professeur s'il ne m'était échappé aucune inexactitude, « aucune absolument, répondit-il. Quand je vous ai vu mettre le pied sur mon terrain préféré, j'ai dressé l'oreille, et j'ai surveillé toutes vos expressions. Toutes étaient inattaquables, vous avez parlé en homme compétent. »

Mon honorable adversaire connaît certainement le Dr Grasset, de Montpellier. Les ouvrages du Dr Grasset jouissent en France d'une autorité incontestable.

J'ai eu aussi l'occasion de parler sur les choses de Lourdes, devant ce savant réputé; il m'a entendu analyser mon *Histoire critique*, dans les parties qui touchent de plus près à la médecine.

---

(1) 31ᵉ mille, pages 224-226.

Eh bien, en présence de l'évêque de Montpellier et de quelques autres témoins, il m'a fait cette déclaration, que je recommande à mon contradicteur :

« Tout ce que vous avez dit est scientifiquement exact, tout absolument. »

Un peu plus tard, un homme distingué, esprit loyal mais sceptique en religion, qui enseigne dans une Faculté française de médecine et qui est médecin en chef de l'hôpital dans la ville qu'il habite, m'ayant trouvé à Lourdes où la lecture de mon ouvrage l'avait conduit, me disait spontanément :

« J'ai lu l'*Histoire critique des événements de Lourdes,* c'est un livre très fort. »

Et comme je le priais de remplacer un compliment par un service, en me signalant les erreurs scientifiques qui auraient pu se glisser dans mes pages, et que je m'empresserais de corriger, il reprit :

« Mais il n'y en a aucune. Tout est exact; au point de vue médical, le livre doit être déclaré irréprochable. »

Enfin, si l'écrivain qui m'attaque m'a fait l'honneur de lire cet ouvrage, il a pu voir une lettre d'un chirurgien des hôpitaux de Bordeaux, le Dr Duvergey, et y remarquer la phrase que voici:

« Les chapitres que vous consacrez à la suggestion, à la critique du roman de Zola, *ne pouvaient être menés avec plus de rigueur scientifique* que vous avez fait. Vous écrivez et jugez comme pourrait le faire un médecin instruit et expérimenté. »

Si je connais la valeur de M. le Dr Christel dans l'art de conduire sa pensée et de traiter une question, j'ignore tout à fait quelle est son autorité en médecine. Mais je serais bien étonné qu'elle dépassât ou même qu'elle atteignît celle des médecins considérables que je viens de citer, tous chirurgiens des hôpitaux ou professeurs de Facultés. Il ne m'en voudra pas, j'espère, si j'affirme que leur jugement me paraît digne de me faire négliger le sien.

* * *

Et quant au petit volume auquel il s'en est pris particulièrement, *Un Miracle d'aujourd'hui*, je me permets de soumettre à son attention les appréciations qu'on va lire.

Je cite en tête celle des deux médecins qui ont étudié, en qualité d'experts, le cas de guérison dont s'occupe mon ouvrage.

Le Dr Le Bec, chirurgien de l'hôpital Saint-Joseph à Paris, m'a fait l'honneur de m'écrire, et il m'a autorisé à publier son jugement :

« Votre discussion... est très remarquable... vous avez bien compris le mal de Pott. »

A son tour, le Dr Fleury m'adresse la lettre sui-
vante :

« J'ai lu, avec le plus vif intérêt, votre excellent
rapport sur la guérison miraculeuse de Mlle Tulasne. Il constitue une étude véritablement fouillée
du mal de Pott, dans ses plus menus détails, et,
par la richesse de sa documentation, *il met en
quelque sorte au point* cette question si vaste.

« En restant sur le terrain médical, je le recon-
nais *d'une exactitude rigoureusement scientifique.*

« Sans contestation aucune, votre travail est
remarquable et il intéresse. »

En reproduisant ces approbations flatteuses,
mon distingué contradicteur veut bien nous
apprendre qu'il n'a jamais été autant loué lui-
même pour aucune de ses études médicales. Je le
regrette pour lui assurément, mais, si je juge de
ses travaux précédents par celui que je viens de
lire, je suis bien forcé de convenir que je n'en
suis pas autrement surpris.

Me permettra-t-il de lui faire connaître encore
quelques appréciations parmi beaucoup d'autres?
Elles pourront l'éclairer sur le cas que l'on doit
faire de la sienne.

Le docteur Coulon m'écrit :

« Je viens de lire avec le plus sensible plaisir
(et ce pauvre docteur allemand qui s'est tant
« ennuyé »!) votre magnifique plaidoyer : *Un*

Miracle d'aujourd'hui. Ce livre est un remarquable traité du mal de Pott, *très savamment décrit.* »

Du docteur de Sainte-Marie, dans le *Polybiblion :*

« Discussion très serrée... Bien que l'auteur ne soit pas médecin, on ne peut s'empêcher de convenir qu'il *connaît à fond son sujet.* »

Des *Annales des sciences psychiques,* revue incrédule dirigée par le professeur (à la Faculté de médecine de Paris) Charles Richet :

« Dans ce livre, M. Bertrin ne nous présente qu'un seul cas, mais étudié avec toute la conscience possible. La discussion est tellement consciencieuse, *tellement complète,* que tout s'y trouve. »

Et dire que la malchanceuse loupe du docteur Christel y a découvert tant de lacunes, nous le verrons!

Enfin — je me borne faute d'espace — le docteur Guinier, agrégé libre de la Faculté de médecine de Montpellier, a publié sur le même volume une série d'articles, où sa bienveillance pour l'ouvrage lui fait écrire :

« Voici une étude médicale des plus fouillées, des plus techniques, des plus documentées, des plus impartiales, des plus riches en lumineuses discussions, en un mot des plus savantes et des plus suggestives.

« Ce livre, si rigoureux, si merveilleux de patientes et instructives recherches, *marque une étape des plus remarquables* dans l'histoire clinique de la tuberculose des os, en l'une de ses variétés les plus communes et,les plus graves; *il éclaire d'une lumière toute nouvelle* une question de médecine pratique, et les conclusions, données par M. Bertrin, *apparaissent indiscutables*. M. Bertrin discute comme un clinicien consommé.Que de jeunes médecins trouveront à s'instruire en lisant cette remarquable étude du mal de Pott, qui rappelle aux vieux praticiens, comme nous, *les plus belles et les plus savantes leçons* des Andral, des Velpeau, des Potain et de tous les grands maîtres en clinique qui ont illustré, depuis soixante ans, la médecine française. »

Et c'est le livre, objet de ces éloges excessifs, dont le médecin allemand écrit qu'il traite avec incompétence la question à laquelle il est consacré!

* *

Quoi qu'il en soit, le lecteur est maintenant édifié : il sait qu'il ne doit pas apprécier mon ouvrage d'après un jugement hautain et dédaigneux, qui ne peut faire tort qu'à lui-même; car il est contredit et réduit à néant par des appréciations exactement contraires, venues d'hommes éminents, d'une compétence indiscutable et indiscutée.

Et voilà le terrain déblayé!

Négligeons désormais les reproches faits à l'auteur et examinons ceux qui sont adressés à l'ouvrage. Ce sont les seuls, du reste, dont l'écrivain de la Gazette aurait dû s'occuper, pour rester fidèle à la méthode qu'imposent à la fois la science et la logique.

II

BRÈVE ANALYSE

Si le lecteur connaît *Un Miracle d'aujourd'hui*, il se rappelle comment j'établis le caractère miraculeux de la guérison que j'y raconte. Ce souvenir est nécessaire pour la clarté de la discussion qui va suivre.

Mlle Tulasne, qui venait de perdre son frère de la tuberculose, tomba malade elle-même, de la tuberculose des vertèbres dorso-lombaires, au mois de juin 1895. Elle n'avait pas encore dix-huit ans.

Malgré tous les soins dont elle fut l'objet, son mal alla en s'aggravant toujours pendant plus de deux années, jusqu'au pèlerinage de Lourdes, où elle guérit subitement le 8 septembre 1897.

Je prouve, dans une première partie, la réalité de la grave maladie dont elle souffrait, et, dans une seconde, la réalité de sa guérison.

Pour établir la réalité de la *maladie*, je m'appuie d'abord sur le diagnostic *unanime* des sept médecins qui ont visité la malade, et qui ont tous attesté, soit par des déclarations écrites, soit par le traitement qu'ils lui ont fait subir, qu'elle était véritablement atteinte de la tuberculose vertébrale.

Je me fonde ensuite sur l'étude même du mal au moyen des symptômes classiques, dont les uns sont secondaires, comme certaines douleurs, certains troubles articulaires et l'atrophie des muscles, tandis qu'il faut déclarer et qu'on déclare les autres absolument décisifs.

Ces derniers sont la gibbosité et l'abcès dans l'aine.

Chacun de ces deux symptômes caractéristiques suffit à démontrer la nature de la maladie d'une manière tout à fait sûre. Et ceci, je l'affirme sur l'autorité des maîtres incontestés de la science, que je cite textuellement, avec des références très précises, qui permettent de contrôler mes citations, toujours tirées des sources mêmes.

Car j'ai lu, la plume à la main, tout ce qui a été écrit en France, sur la tuberculose des vertèbres, ou Mal de Pott, depuis près d'un demi-siècle. C'est un scrupule scientifique, dont tout homme de bonne foi voudra bien, sans doute, me tenir compte.

Quant à la *guérison*, je montre qu'elle a présenté des caractères qu'une guérison naturelle ne présente jamais.

Car :

1° Elle a été si *complète* qu'il n'est resté ni rai-

dour, ni gibbosité dans la colonne vertébrale, deux
suites du mal qui ne disparaissent jamais naturellement.

Trois médecins experts ont constaté ce fait anor-
mal, inouï, et la radiographie a prouvé, en outre,
qu'il n'existait dans les vertèbres aucune trace de
ce cal osseux ou ostéo-fibreux, que la guérison naturelle suppose — ce n'est nié par personne — et
qui, remplaçant les disques fibro-cartilagineux qui
unissent les vertèbres, enlève la souplesse dans les
mouvements.

2° Cette radicale transformation s'est opérée *subitement* et sans aucune convalescence, et ceci ne
se rencontre *jamais* dans la guérison naturelle
d'un mal organique. De nombreux témoins virent
de leurs yeux cette guérison instantanée, dès le
soir même, et le lendemain, 9 septembre, le docteur Vulpian, qui examina la jeune fille, avec plusieurs de ses confrères, ne trouva plus, selon son
expression, « aucun symptôme du mal de Pott ».

Voilà l'ensemble de ma thèse.

Qu'est-ce qu'y oppose mon fier contradicteur?

On va le voir.

III

VERBIAGE INUTILE

Essayons d'abord de débrouiller un peu le chaos où notre docteur semble se complaire.

L'ordre et la clarté, *lucidus ordo*, comme disait le vieil Horace, sont une forme de la loyauté dans la discussion. Car le lecteur sait ainsi où l'on veut le conduire et par quel chemin. Son attention se tient donc en éveil, il est en garde et il devient impossible de remplacer en lui la conviction, née d'une preuve, par le vague d'une impression, ni de s'emparer de son adhésion clandestinement et par surprise.

Parlons donc net et franc.

Pour qui, examinant de près le travail qui nous occupe, tente de grouper les observations que l'auteur a laissées éparses, soit par impuissance, comme je le crois, soit par intention, pour en masquer la faiblesse, toutes paraissent constituer ou bien un *verbiage* insignifiant, ou bien des *hypothèses*, négligeables parce qu'elles sont gratuites, ou enfin des *erreurs* positives, aussi étonnantes que manifestes.

Le lecteur va en avoir la preuve,

J'insisterai peu sur le *verbiage*, mais il convient de le noter cependant, chez un écrivain qui affiche des prétentions, si sûres d'elles-mêmes, à la rigueur savante dans la discussion.

Si donc les lecteurs ont sous la main ces longues pages, qu'ils fassent une expérience personnelle! Qu'ils essaient de voir ce qu'il en restera, s'ils effacent, en les relisant, tout ce qu'ils y rencontreront d'absolument inutile à la question engagée, s'ils suppriment, par exemple, les déclamations complaisantes du docteur sur son goût infini pour les procédés scientifiques, dont il parle sans cesse, et sur l'infériorité déplorable que sa modestie découvre en moi, à ce sujet, quand il me compare à lui-même.

Ils pourront aussi faire de notables économies dans le style, en retranchant les phrases sans nombre où l'auteur annonce ce qu'il dira, ce qu'il fera, ce qu'il prouvera *plus loin*, contre l'adversaire dont il s'agit de combattre les arguments.

Eh! docteur, dites, faites, prouvez tout de suite. Vous qui vivez dans l'intimité de la science, vous devez bien connaître ses goûts. Vous savez donc comme moi, et sans doute beaucoup mieux que moi, qu'elle n'aime pas les promesses charlatanesques, où, seuls, les badauds se laissent prendre.

Ne ressemblez pas, je vous en prie, à ce barbier célèbre, qui avait écrit sur le mur du salon de coiffure où il opérait : « Demain on rasera gratis ».

Pourquoi demain, docteur? De grâce, rasez-nous tout de suite, et n'en parlez plus!

Tout ce bavardage n'a pas d'excuses, pas même celle d'être spirituel ou gracieux. Il fatigue un homme de goût, et, quant à sa portée dans le sujet, il est tout juste comme s'il n'était pas (1).

----

(1) On trouvera à l'*appendice* (pages 131 et suivantes) quelques extraits qui renseigneront sur la manière du docteur C.

IV

UN LOT D'HYPOTHÈSES

1°

Sur la valeur de l'hypothèse.

Bien qu'elles ne soient pas tout à fait aussi insignifiantes, les hypothèses pourraient aussi être sacrifiées, sans que la science eût à s'en plaindre.

Quand l'hypothèse est destinée à diriger les recherches, quand elle sert à faire des expériences qui la précisent et la confirment, c'est un procédé fécond autant que légitime : elle a produit, dans ces conditions, des résultats remarquablement heureux.

Mais cette hypothèse ne doit pas être confondue avec une autre, qui n'est qu'une manœuvre au service d'une idée préconçue.

Au lieu d'appeler les faits à son secours, celle-ci les combat. Elle substitue ses rêves à leur témoignage, non pour guider vers des expériences nouvelles, mais pour permettre à son auteur de rester enfermé dans un système philosophique, dont il est résolu à ne pas sortir : elle ne travaille pas pour la science, elle ne sert que le parti pris.

Il convient donc de la condamner, au nom de la science même.

Or, il faut voir avec quelle naïveté prétentieuse elle s'étale et se prélasse, dans les colonnes de la *Metzer Zeitung*, du moins quand le docteur Christel la présente! Elle trône, elle règne, elle tranche, elle prophétise. C'est elle qui représente la science, et peut-être se prend-elle pour la science même.

Voici d'abord l'ensemble des rêves divers où elle s'aventure; M. C. les a laissés épars, je les réunis :

— Peut-être Mlle Tulasne n'était-elle pas malade, mais seulement maigre.

— Peut-être son abcès froid était-il autre chose.

— Si elle a été malade, peut-être était-elle guérie avant le pèlerinage.

— Si elle a guéri à Lourdes, peut-être la guérison est-elle imparfaite et la radiographie trompeuse.

Cet aperçu est éloquent par lui-même : il suffit à nous renseigner sur l'impartialité scientifique d'une pareille enquête. On y voit avec clarté qu'il s'agit, pour l'enquêteur, d'écarter le miracle avant tout et coûte que coûte.

Dans cette question, il est évident que le parti pris, un parti pris fanatique, est à la base de ses explications, de ses affirmations, de ses dénégations, de ses doutes, bref, de tout ce qu'il dit et de tout ce qu'il pense.

Il n'y a pas de plus sûre manière de tourner le dos à la vérité.

Du reste, les détails valent l'ensemble, car la faiblesse de chacune des hypothèses éclate, dès qu'on les examine.

Montrons-le.

2°

Peut-être Mlle T. n'était-elle pas malade, mais seulement maigre.

La jeune malade portait trois saillies angulaires, dans la partie médiane de la région dorso-lombaire.

L'existence de cette gibbosité ne peut faire l'objet du moindre doute. Quiconque a lu *Un Miracle d'aujourd'hui* sait qu'elle est établie d'une manière absolument certaine, non seulement par les dépositions de nombreux témoins, mais par les attestations des médecins mêmes, des médecins traitants.

Le docteur Tulasne, par exemple, l'a observée peu après le début de la maladie, comme il le déclare dans un certificat authentique. Il a, par suite, placé une corset de plâtre avec le docteur M. Un mois après, il coupait ce corset, qui blessait la malade, et, ayant examiné de nouveau l'état de la colonne, en appliquait un second, toujours avec le concours du docteur M.

La gibbosité fut constatée aussi, quelques mois plus tard, par les docteurs Assaky et Th., qui, pour ce motif, ayant enlevé l'ancien appareil, devenu intolérable, le remplacèrent par un appareil nouveau, plus léger.

Le docteur Du Mouza, qui soigna ensuite la jeune fille à Pornic (avril-septembre 1890), vit aussi les saillies vertébrales, et bien souvent : il en a témoigné dans plusieurs attestations écrites, qui se trouvent au dossier; on les lira plus loin.

Or, ce grave symptôme suffit, je l'ai dit, pour caractériser le mal de Pott. Tous les grands chirurgiens sont d'accord sur ce point, et mon livre rappelle, avec les références convenables, les endroits de leurs ouvrages qui le montrent d'une manière évidente.

Naturellement, la philosophie libre penseuse du docteur Christel trouve le cas embarrassant; on se l'explique. Mais ce qu'on ne saurait admettre, c'est qu'elle compte s'en tirer en proclamant, avec candeur, qu'il ne *devait* pas y avoir de gibbosité : la jeune fille était maigre, tout simplement. (1)

_____

(1) « Il est pour moi fort probable, écrit le docteur, qui, on le voit, n'est pas bien sûr de son fait, il est pour moi fort probable qu'il n'y avait pas de gibbosité. Chez les jeunes filles fluettes et maigres... les vertèbres font saillie. »

« Et voilà pourquoi votre fille est » malade, aurait dit le médecin de Molière.

Mlle Tulasne était malade — parce qu'elle était
maigre. Elle souffrait horriblement — parce
qu'elle était maigre. Elle ne pouvait faire aucun
mouvement sans d'atroces douleurs — toujours
parce qu'elle était maigre.

Le docteur Christel a trouvé la cause immédiatement, d'un trait de lumière.

« Nous autres, grands médecins, dit Sganarelle
dans le *Médecin malgré lui*, nous connaissons
d'abord les choses. Un ignorant aurait été embarrassé, et vous eût été dire : c'est ceci, c'est cela;
mais moi, je touche au but du premier coup. »

Et ce qui augmente singulièrement le mérite de
notre docteur, c'est qu'il a découvert la cause cachée sans avoir jamais vu la jeune fille, ni avant
sa guérison, ni depuis!

Et quand on pense que cinq ou six de ses confrères ont étudié de tout près la région douloureuse, pendant deux années, et qu'ils ont tous pris
une conséquence banale de la maigreur pour un
symptôme très connu, un symptôme classique de
la tuberculose des vertèbres! Quels ignorants,
grand Dieu!

Et aussi quels bourreaux! Car ils ont infligé
le supplice de l'immobilité absolue sur une planche, emprisonné un pauvre corps dans trois cor

sets plâtrés successifs, meurtri la chair avec des pointes de feu! Tout cela pour guérir la patiente... de la maigreur! Mais ils n'avaient donc jamais vu de leur vie une jeune fille maigre, ni les uns ni les autres!...

Heureusement, le docteur allemand a braqué de loin le télescope de son génie, et la vérité est enfin apparue dans sa pureté radieuse. Et quelle vérité! Une vérité sans rien de forcé, de recherché, de compliqué! Car cette découverte a le caractère des grandes découvertes... la simplicité! Mais une simplicité rare, extraordinaire, inouïe!

Pourquoi ces appareils, ce plâtre, ce feu et tous ces remèdes internes contre la tuberculose? Vous vouliez guérir cette jeune fille? Esprits fermés qui ne voyez pas même ce qui crève les yeux! Il n'y avait qu'à l'engraisser. Elle n'était pas malade, elle était maigre, oui maigre, vous dis-je.

Croyez-en la compétence de quelqu'un qui ne l'a jamais vue, et n'allez pas lui demander comment il le sait! Il vous rabrouerait superbement, au nom de la science. Car sachez que la science parle toujours par sa bouche, quoi qu'il dise, et si plaisantes que semblent ses paroles.

Non, cet homme n'est pas un médecin: il est plus fort que Sganarelle, et il en efface la gloire : c'est un voyant.

3°

Peut-être son abcès froid était-il autre chose

Tant que le voyant est sur son trépied, voulez-vous que nous l'interrogions au sujet de l'abcès que la malade eut dans l'aine?

C'est aussi, on se le rappelle, un symptôme du mal, déclaré unanimement décisif. Le docteur Th. a craint longtemps de le voir apparaître; et des témoignages indiscutables, cités dans mon livre, établissent historiquement que la malade lui a demandé plusieurs fois de l'ouvrir, et qu'il s'y est toujours refusé, en homme qui connaissait le péril d'une pareille intervention (1).

Le télescope philosophique du docteur Christel a dû nécessairement visiter cette région, comme

____

(1) Le docteur Christel prétend tirer une objection contre moi de ce que je « place cet abcès tantôt dans la région de l'aine, tantôt sur la face interne de la cuisse », dans la partie supérieure. Il faut qu'il soit bien pauvre en arguments pour recourir à un argument pareil. Car l'expression « région de l'aine » s'entend très bien de la face interne supérieure de la cuisse. Dans le *Nouveau Larousse illustré*, le docteur Poirrier commence ainsi un article anatomique : « *La région de l'aine*, ou région inguinale, comprend, outre *la partie supérieure et antérieure de la cuisse*, la partie inférieure de la paroi antérieure de l'abdomen. »

Mon distingué contradicteur aurait donc sagement agi s'il s'était abstenu de son observation. En la faisant, il ne s'est pas décerné précisément un brevet de savoir.

l'autre, et en chasser ce symptôme importun, qui supprimerait la libre philosophie, si la libre philosophie ne le supprimait pas.

Eh bien, oui, c'est fait. Apprenez que notre honorable docteur a vu — de loin toujours — que, dans l'endroit cité, il s'était produit ou une hernie, ou une tumeur glanduleuse, ou toute autre chose que vous voudrez, mais pas un abcès (1). Les intérêts de la libre pensée demandent qu'il n'y ait pas eu d'abcès, donc il n'y en a pas eu.

Vous répondez que, une enflure douloureuse s'étant montrée quelques mois après à la cheville de la jambe gauche, et l'abcès ayant disparu en même temps, le médecin traitant a déclaré qu'il avait « fusé »; que, par le fait même, le médecin a montré qu'il y voyait bien un abcès véritable, un abcès migrateur, et non ce je ne sais quoi dont la philosophie de l'adversaire de Lourdes a un si pressant besoin.

Prenez garde! Le docteur Christel vous a répliqué d'avance, d'après cette puissance particulière qui lui fait voir dans les cœurs, comme à dis-

_____

(1) Voici les paroles du docteur : « Est-ce que dans la région de l'aine il ne se présente pas de phénomènes qui simulent un abcès? Certainement et toute une série : hernies, hydrocèles du ligamentum rotundum, grande dilatation des veines, et avant tout les tumeurs glanduleuses. »

tance, que son confrère tourangeau a *sans doute*
reconnu plus tard qu'il s'était trompé.

Ces médecins français sont vraiment bien
extraordinaires. Ils se trompent sur les choses les
plus faciles à constater, celles qu'on peut voir de
ses yeux et toucher de ses mains; ils se trompent quand ils regardent devant, ils se trompent
quand ils regardent derrière, ils se trompent par-
tout, ils se trompent toujours.

Par un singulier bonheur dont l'humanité doit
s'applaudir, il s'est levé un maître pour corriger
leurs ignorances, grâce à un instinct supérieur
qui lui fait discerner et sentir le vrai, bien qu'il
n'ait aucun des moyens nécessaires pour le découvrir. Ce sont les autres qui ont les moyens
et c'est lui qui découvre! Voilà ce qui est rare,
très rare et sans doute inouï !

* * *

Pour aller au fond des choses, le docteur allemand ne peut pas nier, et il ne nie pas, du reste,
qu'il n'ait existé une grosseur dans l'aine, pendant plusieurs mois. C'est un fait établi *historiquement*, aussi sûrement que mille autres faits
dont personne ne doute.

De quelle nature était cette grosseur? Voilà le
seul point où porte le dissentiment.

Était-ce une hernie, une glande extraordinaire,
etc.? M. le docteur Christel le conjecture au ha-

sard, mais il est évident qu'il n'en sait rien, absolument rien.

Ce qui l'incite à le dire, ce n'est pas l'observation d'un fait, quel qu'il soit, c'est seulement — notez bien cette observation — le besoin qu'il a de le croire, pour la sauvegarde de sa philosophie, à qui l'existence d'un abcès véritable causerait un très périlleux embarras.

Voilà l'*unique* raison où il se fonde, je dis l'unique et ce n'est pas contestable.

Or, une telle raison serait-elle un fondement dont la science — j'entends celle qui ne sert aucun drapeau, la science impartiale — reconnaisse et proclame la légitimité? Non; personne ne le pensera, j'en suis sûr.

Par conséquent, le docteur se décide sans motif — chose grave! — je veux dire sans aucun motif dont il puisse faire l'aveu.

Au contraire, ceux qui voient, dans cette enflure anormale, grosse comme un petit œuf, l'abcès caractéristique du mal de Pott lombaire, ne s'appuient pas sur de simples rêves, inspirés par leur croyance, qui n'en a aucun besoin (1); ils s'appuient sur des faits.

Ces faits, je les ai exposés, avec leurs preuves, dans *Un Miracle d'aujourd'hui*. Je les rappelle

----

(1) V. *Histoire critique de Lourdes*, 34° mille, 1810, p. 90.

ici brièvement, car il semble que mon savant contradicteur ait mis quelque zèle à les oublier :

1º Le premier médecin traitant, le docteur Tulasne, avait prévu l'abcès (v. p. 25). A son tour, le docteur Th. manifesta souvent la crainte de le voir apparaître, et il l'exprima même de nouveau peu de jours avant qu'elle se trouvât réalisée, le 16 février 1807 (v. p. 40).

C'était donc *médicalement* un véritable abcès, un abcès né du mal vertébral, que les faits annonçaient et obligeaient d'attendre.

2º Tant que la grosseur insolite dura, ce fut toujours sous le nom d'abcès que le médecin en parla à la malade et à ses parents, si bien qu'ils prirent tous l'habitude, imitée par leurs amis, de ne la désigner jamais autrement. C'est une preuve qu'aux yeux du docteur, l'événement avait confirmé ses appréhensions et celles de son confrère, dans le sens même où elles s'étaient manifestées.

3º Cela devint de plus en plus certain quand, la tumeur ayant disparu, le docteur déclara qu'elle avait « fusé » (p. 56) : car évidemment, le mot ne saurait se dire des hernies ni des glandes.

Il résulte de ces observations, que le médecin qui soignait la malade voyait dans cet accident un abcès véritable. Il est injurieux pour lui, disons le mot : il est vraiment ridicule de supposer qu'il ait fait confusion avec une glande ou une

hernie. On juge soi-même une opinion quand on
se croit réduit, pour la défendre, à de si extra-
vagantes conjectures.

4° Enfin, cette tumeur se montra, se développa
et finit, justement à l'*endroit* du corps, à l'*époque* de la maladie et dans les *conditions classiques*, où l'abcès migrateur se produit et évolue
chez les malades qui se trouvent dans l'état où
Mlle Tulasne se trouvait, et présentent les saillies
vertébrales lombaires qu'elle présentait (p. 73-89).

Notre docteur considère les symptômes isolé-
ment, sans les rapprocher les uns des autres,
comme s'ils ne s'expliquaient pas et ne se confir-
maient pas mutuellement. C'est une méthode
universellement condamnée. Un étudiant en médecine qui, dans un examen de clinique, en use-
rait pour établir un diagnostic, se ferait infailli-
blement refuser.

Ici la nature tuberculeuse de la tumeur est nettement confirmée par les autres symptômes (qui
sont ceux de la tuberculose des vertèbres) : les
saillies vertébrales, les douleurs lombaires, le sentiment de constriction, etc. Un tel ensemble, de
même que les circonstances dont je viens de parler, fournit à l'interprétation, si elle était douteuse, une base solide et sûre, qu'on n'a pas le
droit de négliger. Et le docteur la néglige absolument.

Il ne veut pas être troublé dans l'opinion que lui impose sa philosophie menacée.

* * *

Le lecteur le voit donc, et avec clarté, j'espère : Tandis que leurs contradicteurs établissent leur sentiment sur une simple hypothèse, gratuite et sans aucune base absolument, ceux qui reconnaissent, dans la grosseur anormale de l'aine, l'abcès symptomatique du mal vertébral lombaire se fondent, pour le croire, sur tout un ensemble de constatations certaines et de raisonnements logiques.

Et je demande alors avec confiance : entre le défenseur de la libre pensée et nous, de quel côté se trouve la raison avec ses exigences? Où est le procédé scientifique avec sa rigueur? Qui parle, qui raisonne, qui conclut avec un esprit impartial, dégagé de toute idée préconçue, supérieur à tout parti pris?

L'honorable docteur est si occupé à déclamer sur les droits de la science, qu'il oublie ou ne prend pas le temps de les respecter. Il abandonne le terrain stable des faits pour aller se promener dans les nuages. Le lieu est mal choisi pour bâtir avec solidité.

4°

Si Mlle T. a été malade, peut-être était-elle
guérie avant le pèlerinage.

Ce n'est pas tout. Cet esprit pénétrant découvre
la manière de guérir sans en avoir l'air, comme il
a découvert celle d'avoir l'air malade sans l'être.

Car il nous apprend que Mlle Tulasne était
guérie quand elle se mit en voyage.

J'ai déjà dit que l'abcès de l'aine dura, comme
il arrive souvent, quatre ou cinq mois — jusqu'en
juillet. Le docteur conclut qu'à ce moment, aucun foyer purulent n'existait plus dans les vertèbres, « et voilà, dit-il, la clef de toute la légende
du miracle... Mlle Tulasne partit pour Lourdes
guérie ».

Je dois avouer d'abord que la suite de ces raisonnements m'échappe un peu.

Quoi! La clef de toute affaire, c'est la disparition du foyer purulent! Il y avait donc un foyer
purulent. Mais, alors, d'où vient que vous avez
pris tant de peine pour soute   ? qu'il n'y en avait
pas?

La *guérison* est venue, dites-vous, au mois de
juillet et *c'est ce qui explique tout*. On doit en
conclure qu'à vos yeux, la jeune fille était réelle-
ment malade. Qu'avez-vous donc prétendu plus
haut?

Il faudrait pourtant choisir : s'il n'a pas existé de maladie, il n'a pu se produire de guérison, et, par conséquent, il n'y a plus de « clef de la légende ».

Si, au contraire, une guérison s'est produite dans les vertèbres, c'est qu'il existait une maladie vertébrale, et, dès lors, à quoi bon les longues pages où vous faites tant d'efforts pour établir qu'on s'est trompé en le disant?

Des deux parties de cette étude, l'une combat l'autre et la détruit. Assurément, c'est un procédé nouveau.

* * *

D'autre part, voulez-vous que nous supposions un moment, comme vous le désirez, Mlle Tulasne guérie avant le pèlerinage, par l'épuisement de la source purulente, qu'indiquerait, d'après vous, la disparition de l'abcès de l'aine?

Je vous répondrai alors : Il existait donc, vous l'admettez, un abcès purulent dans l'aine? Par conséquent, comme cet abcès est caractéristique, de l'avis unanime, c'est bien du mal de Pott que la malade guérit au moment que vous prétendez, et qu'elle était atteinte auparavant, comme l'ont pensé d'ailleurs tous les médecins qui l'ont examinée.

Mais alors les saillies dorso-lombaires n'étaient pas un banal effet de maigreur, mais une gibbo-

sité réelle, la gibbosité classique du mal de Pott.
Or, il est sûr qu'on ne les voit plus aujourd'hui
— les trois experts l'affirment. C'est donc qu'elles
ont disparu. Eh bien, je vous mets hardiment au
défi d'en expliquer la disparition *naturellement.*

Car, dans la guérison naturelle du mal de Pott,
les intéressés « conservent *pour toujours,* dit
Charcot, la gibbosité caractéristique ». Cette disparition est donc anormale, inouïe, miraculeuse.
Et ainsi, où que vous fuyez, le miracle vous pour-
suit et vous étreint.

* * *

Et c'est seulement pour en faire la preuve, c'est
provisoirement et par un simple procédé de discussion que je viens de tenir pour fondée votre
conjecture étrange sur la guérison avant le départ
pour les rives du Gave. En réalité, elle n'est pas
seulement gratuite, elle est absolument insoute-
nable.

Quoi! au mois de juillet 1897, la maladie n'exis-
tlit plus! Qui vous permet de le dire? Vous répondez : « la disparition de l'abcès migrateur »
(auquel vous croyez désormais, c'est entendu).

Mais vous n'ignorez pas — il est impossible
que vous l'ignoriez — que l'abcès migrateur peut
disparaître pour d'autres raisons que l'extinction

4

du foyer tuberculeux dans les vertèbres. (1) Il
suffit, ou que le pédicule, qui le réunit au foyer
d'origine, vienne à être interrompu, ou que le pus
prenne une autre direction, soit vers l'intérieur,
soit vers le dehors.

C'est à cette dernière manière que songeait le
médecin traitant, quand, voyant l'enflure gagner
le bas de la jambe, près de la cheville, au moment où elle quittait le haut, il disait à la malade :
« L'abcès fuse ». Le pus, d'après lui, n'avait donc
fait que changer de place.

Mais n'aurait-on plus aperçu au dehors aucun
signe qui permit de le croire, il eût fallu être ce
que l'écrivain de la *Metzer Zeitung* appelle « un
novice » bien inexpérimenté, pour conclure que
la maladie avait pris fin. La maladie aurait pu
exister, après la disparition de l'abcès extérieur,
comme elle avait existé avant son apparition, pendant vingt mois. N'est-ce pas l'évidence même?

La base de la conjecture n'a donc aucune solidité et la conjecture s'écroule avec elle.

* * *

Mais serait-elle bien bâtie, alors qu'elle ne l'est
pas, on n'aurait le droit d'y voir que ce qu'elle

---

(1) Il échappe au docteur d'écrire lui-même : « La disparition
de l'abcès froid peut être constatée *principalement* après la
guérison du foyer des vertèbres. » Il emprunte ce renseigne-
ment à un *Manuel de chirurgie* connu, et il ne s'aperçoit pas
que le mot *principalement* condamne sa thèse.

est : une conjecture, et il resterait à établir qu'elle répond à une réalité, et plus encore qu'elle n'est pas en formel désaccord avec la réalité, c'est-à-dire avec le témoignage des faits.

Or les faits la contredisent avec éclat.

Ils prouvent que depuis la fin de juin ou le commencement de juillet, par conséquent après que l'abcès a eu « fusé », la maladie a continué *exactement comme auparavant.* Tous les symptômes ont persévéré, et même en s'aggravant : la contracture de la jambe, le pied-bot, l'enflure tibio-tarsienne, l'impuissance de remuer le pied gauche.

Or, si le mal avait été guéri dans son foyer invisible, au moment où l'abcès finit, c'est-à-dire deux mois plus tôt, tous les symptômes qui en étaient le produit sensible et le prolongement extérieur, auraient nécessairement disparu dans l'intervalle. Ils ne seraient pas restés ainsi en l'air, pour ainsi dire, comme des effets dépourvus de cause, sans raison qui les explique et sans base qui les porte.

Personne ne songera sans doute à nier cette évidence.

Il ne faut donc pas oublier que les symptômes existaient toujours, y compris les douleurs, aussi violentes que jamais.

L'honorable docteur voit lui-même un signe de

guérison dans la cessation des douleurs. Eh bien, jusqu'au dernier moment, à Lourdes même, dans les heures qui ont précédé immédiatement l'intervention du ciel, les vertèbres, la jambe et le pied faisaient horriblement souffrir Mlle Tulasne. Elle le raconte elle-même dans son journal quotidien, et tous les pèlerins ont pu s'en rendre compte en la regardant étendue, froide et livide, dans son lit d'osier. Elle ressemblait à un cadavre, couché dans son cercueil. Aussi, quand ils l'avaient vue passer ainsi, entre son père et sa mère, dans la rue qui la conduisait à la gare, les habitants de Tours s'étaient émus de pitié pour elle, et certains avaient même dit tout haut :

« Il n'y a donc pas de police à Tours pour empêcher des parents fanatiques de commettre une telle barbarie. Pauvre enfant! Ils la ramèneront dans un cercueil. »

Et voilà la malade dont le docteur allemand a découvert qu'elle était guérie depuis plus de deux mois!

Hélas! ce n'était pas l'avis des médecins qui s'occupaient d'elle, et pouvaient l'examiner à loisir, selon toutes les exigences de l'art.

Le médecin ordinaire, le docteur Th., quoique l'abcès de l'aine n'existât plus alors, trouva sa cliente trop gravement malade pour autoriser le voyage à Lourdes ; il refusa donc le certificat sans lequel la jeune fille ne pouvait être admise au pèlerinage. Il ne voulait pas paraître prendre la responsabilité d'une imprudence qui, dit-il aux parents, pouvait devenir fatale.

Un de ses confrères fut appelé à sa place. C'était le docteur Lieffring. Celui-ci pratiqua l'examen nécessaire et certifia par écrit — j'ai publié ce document — que la jeune malade était « atteinte d'un mal de Pott lombaire », et qu'elle pouvait voyager seulement « dans les conditions d'immobilité » que son état rendait nécessaires. Il ajouta oralement que si elle guérissait à Lourdes, ce serait un vrai miracle. Faute de quoi elle en avait encore pour des années à souffrir.

Eh bien, il paraît qu'il se trompait lui aussi, comme s'était trompé son confrère, comme se trompaient tous ceux qui purent voir alors Mlle Tulasne.

Pour juger scientifiquement de son état, il faut sans doute ne l'avoir jamais vu, comme le docteur Christel. Voilà la seule manière de donner un avis compétent!

** *

Il faut ajouter que, dans sa préoccupation obsédante d'échapper au miracle, le docteur commet un tel oubli qu'il suffit de le signler pour ruiner d'un coup son hypothèse, si elle n'était pas ruinée déjà. Je m'explique :

Ce n'est pas seulement la cause principale du mal qui a été détruite à Lourdes, ce sont aussi les manifestations secondaires que je viens de rappeler; par exemple, pour ne pas les citer toutes, l'enflure tibio-tarsienne et le pied-bot. Or, ces maux-là frappant les sens, il est impossible de prétendre qu'ils avaient disparu au départ de Tours. Le docteur lui-même ne se risque pas à ce ridicule.

Si hasardeuse qu'elle soit, l'hypothèse s'arrête donc ici; elle n'a plus d'application ni de sens, et le miracle se dresse devant elle.

Je soutiens énergiquement que les faits empêchent de l'appliquer à la source du mal, et je le prouve. Mais quand ils le permettraient, il faudrait renoncer à expliquer naturellement, et la disparition des maux secondaires qu'on vient de citer, et celle des saillies vertébrales qui, je l'ai dit, subsistent toujours dans la guérison naturelle.

Le docteur ne s'y aventure pas, et il a raison. Mais alors pourquoi vouloir faire croire que son hypothèse rendrait compte de tout, si on l'admettait? Pourquoi aussi se dépenser à établir qu'elle peut être admise, quand elle est clairement inadmissible?

. * .

Je ne voudrais certes pas offenser mon savant contradicteur. Mais il me permettra bien de lui

dire familièrement que c'est de sa part être bien
mal inspiré que de proposer de pareilles bourdes à
l'intelligence du public. Assurément, il se fait
plus de tort qu'il n'en fait au miracle.

Toute l'excuse — si c'en est une — que les
esprits bienveillants peuvent alléguer en sa faveur, c'est qu'ayant deux hommes en lui, le libre
penseur et le médecin, il a obligé le médecin à se
taire et laissé parler uniquement le libre penseur.

Ce n'est donc pas le médecin qui a avancé ces
assertions invraisemblables, si ridicules au point
de vue médical. Et vraiment, on en est heureux
pour lui — et pour ses malades. Mais le libre
penseur est bien compromettant et le médecin
fera bien de ne pas le féliciter.

Il ferait mieux encore de ne pas subir ses folles
exigences, et s'il le pouvait, de se débarrasser de
sa funeste compagnie.

5°

*Peut-être Mlle T. n'a-t-elle pas été bien guérie
et la radiographie est-elle trompeuse.*

Reste une hypothèse, celle-là injurieuse, digne
couronnement de toutes les autres.

Dans l'image radiographique que contient mon
ouvrage et qui montre la région inférieure de la
colonne intacte et parfaitement saine, les opéra-

teurs du célèbre laboratoire parisien où le cliché
a été pris, ignorant pour quel dessein ils travail-
laient, ont fait tomber les rayons X uniquement
sur la partie lombaire. Il s'ensuit que la douzième vertèbre dorsale n'est pas visible, mais la
première et la deuxième lombaires, malades
comme elle autrefois, se présentent dans un ensemble assez net pour que leur intégrité ne
laisse pas le moindre doute à qui les considère.

Or savez-vous ce que le docteur ose conjectu-
rer? Il insinue que j'ai sans doute caché volon-
tairement la douzième vertèbre, probablement encore malade, et montré au contraire les vertèbres
intactes.

Il faut que je le déclare : depuis que j'écris sur
Lourdes, ce docteur étranger est le premier adversaire qui ait cherché à faire planer un soupçon
sur ma loyauté.

Il me permettra de ne pas l'en complimenter.
Quand il s'agit des secrètes intentions des autres, on ne saurait en juger que par les siennes :
on est réduit à chercher dans son propre cœur ce
qu'on aurait été capable de faire à leur place. En
croyant les déshonorer, c'est donc soi-même qu'on
déshonore.

Que M. Christel apprenne, s'il le désire, que je
n'ai été pour rien dans la manière dont cette belle
radiographie a été faite. C'est un chirurgien de

Paris, le docteur Le Bec, qui a bien voulu s'en charger, et c'est à un laboratoire, à la fois très connu et très laïque, qu'il en a confié l'exécution, sans donner aucun ordre qui puisse atteindre sa bonne foi.

Est-ce donc que le médecin allemand mettrait en doute l'état d'*intégrité absolue* où est aujourd'hui la colonne vertébrale de l'ancienne pottique? Pas du tout. Il sait bien que les trois médecins experts l'ont constaté et authentiquement reconnu. Et même il a usé de leur témoignage pour faire entendre que la jeune fille n'avait jamais eu les vertèbres malades. Il est même obligé de reconnaître que, sur les trois vertèbres autrefois atteintes, deux, les deux lombaires, apparaissent dans leur intégrité. Ce qui suffit amplement pour montrer la nature particulière de la guérison.

Il insinue donc pour insinuer, il attaque pour attaquer, il blesse pour blesser, sans aucun profit pour sa thèse.

Il doit lui être pénible d'être réduit, afin de se donner une vaine apparence de raison, à l'emploi de tels procédés, inusités entre honnêtes gens.

A moins que ce ne soit un plaisir pour lui. Dans ce cas, il en gardera sans doute le monopole, car il peut être certain qu'il ne se trouvera pas beaucoup d'esprits équitables et loyaux qui désirent lui en disputer la jouissance.

Laissons-lui donc pour compte ses mauvaises hypothèses, et examinons maintenant l'exactitude qu'il apporte, quand il énonce des principes ou même quand il affirme des faits.

A ce double point de vue, ces « études critiques » sont remarquablement erronées.

Le lecteur va pouvoir en juger par lui-même.

V

ERREURS DE PRINCIPES

1°

Qu'on peut croire à l'existence d'un fait sans en connaître tous les détails

I. — LE PRINCIPE CONTRAIRE

C'est une première erreur d'avancer qu'il est impossible d'admettre logiquement la réalité d'un fait si l'on n'en connaît pas toutes les circonstances. On ne saurait plus mal raisonner.

Le docteur Christel penserait-il, par exemple, que je ne dois pas croire à son existence?

Et cependant j'ignore à peu près tout de lui. Est-il svelte ou corpulent, léger comme ses preuves, ou pesant comme son style? Je n'en sais rien absolument. Mais que m'importe? Je n'en suis pas moins persuadé qu'il existe.

Et lui, au contraire, n'est pas loin de penser... ou de vouloir faire penser que, malgré les attestations médicales les plus authentiques et les plus nombreuses, Mlle Tulasne n'a pas été véritablement malade. Pourquoi? Parce que ses confrères ont négligé de faire connaître authentiquement les divers degrés de température que la fièvre a atteints, ou telles et telles circonstances, sans portée pour la conclusion, que les symptômes ont ou n'ont pas présentées.

Considérons, par exemple, son attitude au sujet de l'atrophie, observée dans une jambe de la malade.

Le docteur Liéffring signale expressément ce symptôme dans le certificat délivré avant le départ. Mais l'écrivain que l'on combat ici n'est pas satisfait ni sans doute convaincu : il objecte que le docteur n'a pas donné avec précision la mesure du membre. Il lui faut des centimètres et même des millimètres. Faute de quoi, cet homme terrible ne croira rien du tout.

Le membre dont il s'agit est la jambe gauche. C'est le pied gauche aussi qui fut le siège d'une arthrite douloureuse. Je l'indique en plusieurs endroits, mais sans me croire obligé de le répéter chaque fois, cette répétition étant aussi inutile que fastidieuse.

Mon honorable contradicteur s'en scandalise encore. Il écrit, en ajoutant de curieuses parenthèses — je les souligne — à l'analyse qu'il fait de mon récit :

« Apparition d'un abcès dans la région de l'aine (*De quel côté?*). Le pied se contourne (*Lequel?*). Enflure au niveau de la cheville (*De laquelle?*) »

Telles sont les graves lacunes qui lui paraissent

enlever toute autorité scientifique à l'historien et toute certitude à l'histoire.

* * *

En réalité, si la méthode qu'il préconise était légitime, non seulement elle chasserait de l'histoire les événements les plus certains, car il n'en est guère, s'il en est, qui soient connus avec *toutes* les circonstances qui les accompagnèrent, mais elle troublerait, jusqu'à le rendre impossible, l'exercice ordinaire de la vie.

Voici une force, une substance, un être, un homme!

Pour croire à la réalité de cet homme, de cet être, de cette substance, de cette force, supposé que je fusse obligé d'attendre d'en avoir découvert toutes les qualités, toutes les particularités, tous les aspects, aussi longtemps que se prolongeât mon existence je devrais vivre comme s'ils n'étaient pas, ce qui offenserait à la fois la logique et le bon sens!

Quelle est, par exemple, la nature de l'électricité? Je l'ignore. Mais je n'en sais pas moins que, dans des conditions déterminées, elle peut produire de la lumière, de la chaleur et du mouvement. Renoncer à y croire, refuser d'admettre la réalité des phénomènes auxquels elle donne naissance, jusqu'au jour où elle n'aurait plus de secrets pour moi, ce serait proprement de la démence.

Non, il n'est pas nécessaire, heureusement! de *tout* savoir sur un fait, ou une question, ou quoi que ce soit au monde, pour en savoir *quelque chose* avec certitude.

Et l'on est vraiment surpris qu'il se rencontre des esprits pour paraître en douter.

Qu'est-ce donc quand ils osent soutenir le principe contraire, ou raisonner comme s'ils le soutenaient! Et que penser enfin s'ils vont jusqu'à mettre un tel principe sous le patronage de la science, en affirmant qu'elle l'impose!

Ah! cette pauvre science! Ils la traitent vraiment comme leur chose : elle doit se plier à tous leurs caprices, endosser toutes leurs responsabilités et couvrir, de son nom respecté, toutes les échappatoires de leur philosophie aux abois.

La vérité, c'est qu'il n'y a pas de méthode plus antiscientifique. Si la science n'avait voulu regarder comme réelles que les choses dont elle connaissait tout ce qu'on peut en connaître, elle n'aurait rien vu à découvrir et elle n'aurait rien découvert. Si elle cherche, c'est parce qu'elle ignore.

Mais alors, direz-vous, qu'est-ce qui peut pousser des hommes sérieux à défendre une doctrine critique si manifestement erronée?

Je vous répondrai d'abord qu'ils ne la défen-

dent pas proprement et sous sa forme générale.
Ce serait heurter un peu trop vivement le jugement du public. Ils se contentent de la tenir pour
démontrée, sans l'énoncer jamais, pour ne pas
donner l'éveil au bon sens, et ils l'appliquent avec
une assurance tranquille, capable d'en imposer à
une raison distraite ou superficielle.

Et puis, s'ils l'emploient ainsi sans y croire
eux-mêmes, ou s'ils y croient en prenant soin de
fermer les yeux, c'est un effet remarquable de
cette haine du surnaturel, la plus audacieuse
peut-être et la plus aveugle de toutes les haines.

Il n'y a pas à en douter : le miracle condam-
nant leurs idées philosophiques, ils sont résolus à
ne l'admettre à aucun prix.

Or voici qu'à Lourdes, il se dresse devant eux,
comme une sorte de défi.

Il leur faut donc se débarrasser de cet importun dangereux, c'est entendu. Mais comment s'y
prendre?

Ah! ce n'est pas commode. Ils ont successive-
ment essayé plusieurs tactiques.

Au début, ils se contentaient de sourire d'un air
serein et suffisant : on leur contait là des histoires
qui ne méritaient pas, disaient-ils, l'attention d'un homme qui se respecte lui-même.

Mais ils durent bientôt en rabattre. En se répé-
tant, les manifestations merveilleuses des bords

du Gave triomphèrent d'une indifférence systéma-
tique; on fut contraint de les discuter.

Ces Messieurs recoururent alors à l'explication
par la suggestion thérapeutique. On avait affaire,
prétendaient-ils, à des maladies nerveuses ou
fonctionnelles, et la suggestion pouvait suffire à
triompher de ces accidents superficiels.

Malheureusement pour eux, cette position est
devenue indéfendable. Car la thérapeutique suggestive a été vigoureusement attaquée, elle a
perdu de son crédit, et on a été obligé, d'ailleurs,
de reconnaître que la Grotte Massabielle voyait
guérir à ses pieds, non seulement des maladies
nerveuses, mais de véritables maladies organiques, des maladies avec lésions, sur lesquelles la
suggestion n'a pas d'empire (1).

Dès lors, l'époque des négations décisives a
fini, et on a vu commencer celle de la chicane, la
chicane mesquine et tortueuse. Il ne s'agit plus
aujourd'hui de s'élever directement contre les
miracles; il s'agit de semer des embûches qui
empêchent leurs défenseurs d'en établir la réalité;
il faut étaler des exigences intolérables, qui ren-
draient toute preuve impossible, et les appuyer

(1) Je crois avoir établi, pour ma part, d'une manière irré-
futable, que la suggestion ne saurait expliquer les diverses
guérisons dont Lourdes est le théâtre. Voyez *Histoire critique
des événements de Lourdes*, Paris, Lecoffre, 1910, pages 173-215.

sur de prétendus principes scientifiques, qui les fassent passer pour légitimes.

Le singulier principe dont je viens de parler est un de ceux-là « on ne sait rien lorsqu'on ne sait pas tout; on ne doit pas croire à l'existence d'un événement quand on n'en connaît pas toutes les circonstances; il n'est pas scientifique d'admettre la réalité d'un fait si l'on en ignore quelques détails. »

C'est absurde, je vous l'accorde, et d'une absurdité capable de frapper tous les yeux; mais, je l'ai dit, le lecteur ne s'en aperçoit pas toujours, si l'on prend la précaution de ne jamais exprimer ces assertions folles, sauf à raisonner en pratique comme si elles étaient acceptables et unanimement acceptées.

C'est ce que font les contradicteurs de Lourdes. Pour les réfuter, il n'y a donc qu'à énoncer, en termes formels, comme on vient de le faire ici, la majeure de leur raisonnement, c'est-à-dire le principe qui sert de base à leurs conclusions, et qu'ils ont le plus souvent la perfide prudence de laisser dans l'ombre. Il éclate et s'évanouit dès qu'on le met en pleine lumière.

II. — UNE APPLICATION DE CE PRINCIPE

C'est pourtant sur ce principe incroyable que les médecins libres penseurs, à qui je réponds, fondent une prétendue loi critique, qui leur est chère et dont ils s'autorisent sans cesse.

Fragile base, et fragile édifice!

Cette loi, la voici, résumée d'après les articles du docteur Christel, et aussi d'après sa déposition à Munich, et la déposition de quelques-uns de ses confrères, grands ennemis du surnaturel, comme lui-même (1) :

« Pour qu'il soit permis de discuter un cas de guérison de Lourdes, la science exige (disent-ils) que la maladie ait été décrite, avec tous ses symptômes, soit principaux, soit secondaires, que l'état pathologique ait été très exactement exposé, et depuis le début; que les médecins aient tenu un journal régulier de la maladie, je dis un journal, non de simples notes, et que dans ce journal, on ait fait mention de tous les examens médicaux, des

(1) Il s'est plaidé à Munich, il y a quelques mois, un procès retentissant, amené par un article de journal, où la question de Lourdes a été agitée, spécialement à propos de la guérison de Mme Rouchel, de Metz. Un certain nombre de médecins allemands avaient été cités, sous le titre d'experts, pour qu'ils eussent l'occasion de dire ce que leur scepticisme bien connu pensait des miracles. J'ai lu ces dépositions; je déclare qu'elles m'ont beaucoup étonné. J'y ai trouvé des affirmations générales, du vague, rien de précis, point de faits, et beaucoup de suffisance pour couvrir ce vide. Quoi! Serait-ce là ce que ces Messieurs appellent la science? Et n'ont-ils pas autre chose à dire contre les miracles de Lourdes? Pour un catholique, cette lecture est réconfortante.

résultats de toutes les visites; qu'on y ait signalé
aussi tous les médicaments administrés, avec
l'effet qu'ils ont obtenu et ceux qu'ils n'ont pas
obtenus (1); qu'on y ait marqué tous les changements survenus dans l'état de la maladie, même
les moindres; qu'en outre, si la maladie a duré,
cet historique ait été continué par les médecins
divers, appelés à donner leurs soins, sans qu'il se
soit produit aucune interruption, et qu'on le
trouve enfin étendu jusqu'au jour, jusqu'à l'heure
même où la guérison s'est produite. En outre, tout
cela, description de l'état pathologique, histoire
de la maladie, etc., doit être fait et présenté d'une
manière *très minutieuse* (d'après le docteur C.),

_____

(1) Voici les paroles du docteur Christel : « La relation de
la maladie doit rappeler, *sans aucune omission*, toute modifi-
cation survenue dans l'état de la malade, *si minime soit-elle*,
afin que même un médecin étranger au cas, puisse reconnaître les changements qui se sont produits, dans la santé,
à chaque moment. »
Il veut aussi que la description des symptômes et de tout le
reste soit si parfaite qu'en la lisant, un médecin qui n'a
jamais vu la malade, *ne puisse pas douter* du diagnostic.
Quand on sait combien peu divers médecins s'entendent sur
le diagnostic, dès qu'il est un peu obscur, combien surtout
ils diffèrent, combien ils sont obligés de douter souvent, pour
être sincères, quand il s'agit d'un diagnostic, fait loin du
malade sur de simples renseignements, les conditions récla-
mées par le docteur semblent destinées à se moquer du monde.
Je vais d'ailleurs le montrer dans un instant.

et *dans le dernier détail* (comme s'exprime un de ses confrères) ».

J'ai dû passer, je le crains, quelques conditions aussi « nécessaires »; mais il y en a tant, en vérité, qu'on m'excusera, j'espère, si j'en oublie.

Celles que j'indique forment déjà un assez bel ensemble, pour qu'il apparaisse à tous les yeux avec quel sans-gêne ces Messieurs se jouent du public.

Ils n'exigent que ce que vous avez vu, rien que cela, mais tout cela, pour qu'une maladie, guérie à Lourdes, mérite d'arrêter leur attention.

Comme ils désirent que leur attention puisse courir en paix, ils ont pris, on le voit, toutes les précautions utiles pour qu'elle n'en soit pas empêchée.

Ce sont eux, en effet, qui choisissent les conditions, dites indispensables, eux qui en règlent le nombre comme la nature. Aussi le nombre et la nature en sont-ils déterminés de telle sorte, leur fantaisie étant leur seule loi, qu'on doit être bien assuré qu'il n'existera jamais aucune maladie, si certaine, si terrible, et si rare soit-elle, où il soit possible de les trouver toutes réunies.

. * .

Cette ruse, vraiment un peu trop grossière, fait songer à ces antiques légendes, où un vieux roi

facétieux, à qui un jeune prince demande la
main de sa fille et qui craint pour son trône, soit
qu'il la donne, soit qu'il la refuse, se résout enfin
à la promettre, mais à la condition expresse que le
redoutable prétendant ira d'abord conquérir... la
lune.

« Ah! vous voulez que nous nous occupions des
miracles de Lourdes? Eh bien, soit! Nous sommes
des hommes de science, des hommes impartiaux,
des hommes rares, passionnés pour la vérité.
Nous allons donc nous livrer à cet examen; nous
vous demandons seulement, avant de commencer,
de nous rendre un service, oh! un tout petit
service, mais tout à fait indispensable : celui
d'aller nous chercher... le serpent à deux têtes. »

Car, en vérité, le lecteur connaît-il un seul
malade, soit parmi ses parents, soit dans son
entourage, qui ait été soumis, comme un cobaye
de laboratoire, à cette enquête tracassière et opiniâtre, destinée non à trouver le moyen de le
guérir, mais à procurer à une curiosité indiscrète
le plaisir d'étudier un cas pathologique dans ses
détails les plus menus?

Non, jamais on ne se permettrait de tenter une
expérience si inutilement « minutieuse », sur un
client qui eût la liberté de s'y soustraire.

Tout au plus pourrait-on l'appliquer à un pauvre malade d'hôpital, qui serait bien obligé de la

subir, et qu'on aurait condamné à une observation exceptionnellement sévère, pour la satisfac-
tion de quelques étudiants, désireux d'apprendre
l'évolution de la maladie, qui l'entraîne sans
doute à la mort. Pour les autres malades, c'est
certain, qu'ils vivent ou qu'ils meurent, ils ne
seront jamais accompagnés de ce paquet de
fiches.

J'avoue même que si je voyais arriver un jour
à Lourdes, pour faire constater qu'il est guéri, un
prétendu pèlerin, soigneusement muni de cet
attirail de clinique, j'entrerais immédiatement en
défiance : je craindrais d'avoir affaire à un comé-
dien.

Car je me dirais : « Pour avoir fait prendre sur
lui-même un tel luxe de renseignements et avec
une telle persévérance, pour les avoir fait consi-
gner au jour le jour dans un registre officiel, il
faut que cet homme ait un but; et je n'en vois pas
d'autre que celui de jouer ici la comédie de la
guérison. »

C'est qu'en effet on ne peut jamais être assez
sûr de devenir l'objet d'une faveur miraculeuse
— la religion catholique n'autorise pas, d'ailleurs,
une telle certitude — pour noter ainsi de loin,
avec une constance inlassable, des détails infinis,
destinés à mettre le miracle hors de doute, et si
on voulait l'essayer, on ne trouverait, ni dans les

médecins, ni dans son entourage, les complaisances nécessaires pour le succès de la tentative.

C'est une mauvaise plaisanterie *de déclarer indispensable ce que l'on sait impossible.*

* * *

Mais c'en est une autre, et plus audacieuse encore, de mettre ce ridicule au compte de la science.

Car, enfin, pour me prononcer sur le caractère miraculeux d'une guérison, qu'ai-je besoin de savoir?

Deux choses seulement.

D'abord si l'intéressé était gravement malade, ou même seulement s'il était vraiment atteint d'une maladie organique, et puis si la guérison s'est produite dans des conditions où elle ne se produit pas et ne peut pas se produire par les moyens de la nature.

Or, je soutiens énergiquement que, pour obtenir une certitude scientifique sur ce double objet, il n'est nullement besoin de promener le microscope à travers tous ces détails infinitésimaux. Un bon nombre sont superflus. Ils peuvent être utiles pour tracer une description curieuse ou intéressante de la maladie au point de vue clinique; ils ne sont nullement nécessaires pour qu'on puisse en affirmer avec assurance l'existence et la gravité.

Dans bien des cas, c'est évident.

Considérez, par exemple, les trois guérisons que le docteur Christel attaque dans ses « études critiques » : la guérison de Pierre de Rudder, celle de Mlle Tulasne, et celle de Mme Rouchel.

De Rudder avait les deux os de la jambe gauche cassés au-dessous du genou, depuis huit ans. Le bas de la jambe n'était plus réuni au fragment supérieur que par les tissus mous, si bien que, d'après le docteur Hœstenberghe, on pouvait « tordre la jambe et ramener le talon en avant et les orteils en arrière ».

Le même médecin témoigne que les fragments inférieur et supérieur étaient séparés par un écartement de trois à quatre centimètres, un fragment osseux d'importance à peu près égale ayant été enlevé par le docteur Affenaer.

En outre, le membre malade présentait deux plaies, l'une à l'endroit de la fracture, l'autre sur le dos du pied, et la suppuration était abondante et fétide.

Voilà l'état de Pierre De Rudder le 6 avril 1875, la veille même du jour où la suppuration cessa, où les plaies disparurent, où les os se réunirent et se soudèrent, où, malgré le fragment dont l'absence les séparait, ils se trouvèrent de la même longueur que ceux de la jambe saine, si bien que De Rudder ne botta jamais!

Sur quoi je pose deux questions à tout homme de bonne foi :

En premier lieu, ne vous paraît-il pas évident qu'il suffit de prouver et la réalité de l'état pathologique à la date du 6 avril et la réalité de la transformation radicale et définitive à la date du 7?

En quoi, je vous prie, ai-je besoin de savoir tous les détails circonstanciés de la marche du mal? Je vois l'aboutissement, c'est ce qui importe. Au point de vue qui nous occupe, tous les journaux de la maladie, formeraient-ils dix volumes, n'apporteraient rien de nécessaire, mais rien absolument.

Le mal était-il le 6 avril, ou même le 5, le 4, le 3, tel que je l'ai indiqué? Voilà le seul point indispensable à connaître!

Or qu'il fut tel alors, et que le 7, la guérison ait été ce que j'ai dit, c'est établi historiquement avec une certitude absolue (1).

Et je viens alors à la seconde question : Le passage si rapide d'un état à l'autre état peut-il être expliqué naturellement?

Ne sortons pas de là.

Le docteur Christel ou ses amis ont-ils vu un cas *semblable* dans toute leur carrière? Que

_____

(1) On trouvera les preuves dans mon *Histoire critique des événements de Lourdes* (Paris, 1910, 31ᵉ édition).

dis-je? En connaissent-ils un dans toute l'histoire de la médecine?

S'ils en connaissent un, qu'ils l'indiquent, avec le titre de l'ouvrage où il est raconté! Ils voudront bien y joindre les références, et s'assurer auparavant de l'autorité scientifique de l'auteur, et de la valeur historique du passage.

Ah! que ce sera plus opportun, pour quiconque cherche la vérité et aspire à se faire une opinion sur le miracle, que des déclamations banales ou des discussions stériles sur des vétilles sans intérêt, dont la connaissance ne peut rien changer à la conclusion!

Lecteur, n'est-ce pas votre avis?

Et il faut raisonner de la même manière sur la guérison de Mlle Tulasne (1).

Mlle Tulasne est restée malade de la tuberculose des vertèbres plus de deux années. Nous avons de nombreux détails sur l'évolution de la maladie et la nature du traitement : on en verra quelques-uns un peu plus loin.

Mais ce qui importe et ce qui suffit, pour le dessein que nous poursuivons, c'est de savoir si la jeune fille se trouvait sous l'empire d'une maladie

---

(1) Pour les assertions qui vont suivre, on trouvera toutes les preuves désirables dans *Un Miracle d'aujourd'hui*. Il est impossible de les donner ici, mais elles sont à la disposition de tous ceux qui voudraient les connaître.

organique, quand elle se rendit à Lourdes, au commencement de septembre 1897, et si elle recouvra brusquement la santé durant le pèlerinage.

Est-il vrai qu'elle présentait une gibbosité localisée, formée par trois saillies vertébrales?

Est-il vrai qu'après la disparition d'une tumeur de l'aine, il lui était venu et il lui restait au pied gauche une enflure avec inflammation?

Est-il vrai qu'elle avait un pied-bot et une contracture de la jambe?

Est-il vrai qu'elle souffrait très vivement et que l'organisme était sujet à de fréquentes défaillances?

Est-il vrai, enfin, que le 8 septembre les douleurs persévéraient, ainsi que les autres symptômes, et que le même jour, tous les accidents disparurent à la fois?

Ici encore, voilà ce qu'il est suffisant de savoir pour croire à l'intervention du ciel! Et, si l'on n'y croit pas, voilà ce qu'il faut nier, mais en apportant des preuves, que la méthode historique approuve, car c'est une question d'histoire.

S'abriter derrière des subtilités de clinique, c'est une échappatoire grossière, dont personne n'est dupe.

* * *

Ce mauvais dessein de se dérober au fait principal en arrêtant son attention et celle des autres sur des points secondaires, est particulièrement sensible dans le cas de Mme Rouchel.

J'ai sous les yeux, par exemple, la déposition du médecin israélite Muller, compagnon d'armes du docteur C., si même il n'est pas son capitaine.

Mme Rouchel était atteinte d'un lupus grave, et elle avait, en outre, deux perforations, l'une à la joue droite, l'autre au palais. On était obligé de fermer la première avec un tampon, gros comme un petit doigt de femme, afin d'empêcher les aliments liquides de s'échapper au dehors. La seconde avait un centimètre et demi de longueur sur un demi-centimètre de largeur. Les narines étant absolument obstruées par l'enflure de la lèvre, elle servait de passage aux matières nasales, qui tombaient dans la bouche.

Impossible de nier ces deux perforations : elles sont reconnues authentiquement par un certificat du médecin traitant, qui visita sa cliente onze jours avant le départ pour Lourdes.

Or à Lourdes, le 5 septembre 1903, le lupus s'amenda tellement que les narines furent tout à fait dégagées et reprirent leurs fonctions normales; toute suppuration cessa. Mais la guérison ne fut pas complète, et la malade s'en montra même heureuse, la partie du mal qui lui restait ne la faisant pas souffrir, disait-elle, et devant être la preuve sensible de l'état affreux dont Dieu l'avait délivrée.

Quant aux deux perforations, *elles furent instantanément fermées*. Et voilà un fait éclatant, inouï, inconcevable, que peut seule expliquer une action directe de Dieu! Car il a exigé la formation *subite* de l'épiderme, des muscles et des vaisseaux qui les nourrissent, lesquels ont remplacé, en une seconde, grâce à la création soudaine d'innombrables cellules, les chairs détruites et disparues, et se sont soudés aux chairs voisines, elles-mêmes en trop mauvais état pour se prêter *naturellement* à la soudure.

Or, que fait à Munich le docteur Muller, « médecin-expert », venu de loin pour apporter de la lumière?

Il ne s'occupe exclusivement que de la partie du lupus qui n'a pas été guérie. Il parle de photographies qui ne laissent pas assez voir la joue restée malade, de l'abbé Collin, directeur du pèlerinage messin, qui a fait sonner bien haut ce miracle, du docteur Boissarie qui est venu à Metz et en a discuté, qui, depuis, « a renoncé complètement à cette guérison », tandis qu' « on avait toujours prétendu que la femme était guérie ».

Il ajoute que « la femme Rouchel est depuis des années dans un état pitoyable et ne peut se montrer devant les hommes ».

Cela n'a pas d'ailleurs empêché les amis du
docteur Muller et le docteur Muller lui-même
« d'élucider le cas », ce qui est un grand bien,
« à un double point de vue ». Car... etc., etc... Le
reste va sur ce ton et avec cette précision.

⁎

Je relève en passant plusieurs inexactitudes
dans ce morceau oratoire.

Si le docteur croit que le visage de l'ancienne
malade a été pris à dessein de manière à ce que
le côté encore maculé reste plutôt dans l'ombre —
pas assez toutefois pour que lui-même ne l'ait pas
vu tel qu'il est — il se trompe absolument. Je
puis du moins lui en donner l'assurance pour
celle des trois épreuves que mon *Histoire critique*
a publiée et qu'il me reproche. J'ignorais même,
je l'avoue, quelle partie du visage s'y voyait le
mieux : je n'avais jamais regardé l'image à ce
point de vue. Je l'ai donnée simplement pour
faire connaître la miraculée, comme j'ai donné la
photographie de Gargam, celle de Mme Gordet,
celle de Marie Lebranchu, celle de Clémentine
Trouvé, qui ne montrent nullement la partie
autrefois malade. Pour étudier les restes du mal
sur Mme Rouchel, j'ai jugé plus scientifique de
considérer la personne elle-même, plutôt que
l'image qui la représente.

Car je l'ai vue. Et c'est une autre inexactitude du « médecin expert » de prétendre qu'on la dérobe soigneusement aux regards. Elle est venue à Lourdes en 1904; je l'y ai retrouvée en 1905, et j'ai causé avec elle dans l'une et l'autre circonstances.

Quant au docteur Boissarie, j'ai sous la main son récent ouvrage : il y soutient énergiquement le caractère extra-médical de cette guérison. Comment ces experts peuvent-ils se tromper au point d'affirmer le contraire?

Qu'on ait toujours prétendu que le lupus était complètement guéri, jusqu'à ce que le docteur Muller ait pourfendu cette erreur avec sa grande épée, c'est une assertion dont le lecteur va mesurer la justesse.

Je ne citerai pas la dernière édition de mon ouvrage : on pourrait croire que j'ai capitulé devant un adversaire victorieux. Je prends la première édition, dont un exemplaire a figuré au Congrès marial de Rome, le 8 décembre 1904. Elle a donc été composée à peine un an après la guérison.

J'y parle expressément de ce qui reste du lupus sur le visage, de la trace qu'a laissée le mal en partant: je rappelle que l'Association des médecins de Metz a dit à la miraculée qu'elle « n'était pas véritablement guérie », et j'ajoute (page 328) :

« Évidemment les libres penseurs de Metz cherchent à déplacer la question.

« Il ne s'agit pas de savoir s'il reste ou s'il ne reste pas un peu d'inflammation sur une lèvre.

« Il s'agit de savoir et de dire si, le palais et la joue étant perforés, si, deux plaies béantes existant avant le départ pour Lourdes, ces plaies ont été, oui ou non, subitement fermées, le samedi 5 septembre, si elles existaient ou n'existaient pas quand la malade est rentrée à Metz.

« Voilà le point! Ces Messieurs ont beau éviter soigneusement d'y faire même allusion, on les y ramènera toujours. Il ne s'agit pas de parler d'autre chose et d'essayer de dérober au public, sous le voile du silence, cette reconstitution instantanée des tissus. »

Je n'ai donc pas affirmé que le lupus était entièrement disparu; j'ai affirmé même que ce n'était pas la question qui devait frapper ici un esprit impartial, curieux de vérité. La question, écrivai-je déjà alors, c'est la « reconstitution instantanée des tissus » organiques, qui se manifeste dans la guérison subite des perforations.

* * *

Voilà donc l'objet du débat bien circonscrit! C'est là que nous attendons tous les champions, protestants et juifs, de la science et de la lumière.

Et l'on vient de voir leur méthode préférée! Elle consiste toujours à appuyer sur ce qu'il y a de secondaire pour essayer d'esquiver la discussion sur ce qu'il y a de principal.

J'avoue qu'en lisant, pour la première fois, la déposition du docteur Muller, j'ai passé rapidement sur les bagatelles où il s'attarde avec complaisance. J'avais hâte de savoir ce qu'il allait dire enfin des perforations subitement fermées.

Or, qu'on juge de ma stupéfaction, quand, arrivé vers la fin du morceau, j'ai lu :

Je ne veux point m'arrêter aux perforations.

Comment! Vous osez le dire! Vous avez cette audace? Mais pour qui prenez-vous donc votre auditoire et le tribunal?

Ah! vous ne voulez pas vous « arrêter aux perforations!». Et voilà pourquoi vous parlez, et demandez qu'on parle de tant de détails insignifiants ou de questions de second ordre!

Vous voilà pris sur le fait, vous et votre méthode! Eh bien! elle est jolie, la méthode! Elle est impartiale, elle est scientifique, elle est loyale! Soyez persuadés qu'on voit très nettement le dessein qui l'inspire.

Non seulement elle cherche à imposer des exigences aussi inutiles qu'impossibles à satisfaire, mais elle doit servir encore à détourner l'esprit de l'objet même de la discussion, au profit de

6

petites questions sans conséquence. Noyer le principal sous le secondaire, le fait sous les circonstances, ce qui importe sous ce qui est insignifiant, voilà le but! Quel singulier chemin pour conduire à la vérité!

C'est que pour ces Messieurs, il s'agit avant tout de ne pas voir ce qui renverserait leurs idées et de ne pas le laisser voir.

« Je ne veux pas m'arrêter aux perforations. »

Ah! docteur, quelle parole, quelle précieuse parole! Sa clarté éclaire singulièrement l'âme de celui qui l'a prononcée et celles des amis qui lui font cortège. Pour rappeler deux vers célèbres, elle :

Verse des torrents de lumière
Sur ces obscurs blasphémateurs

* * *

Quant au docteur Christel, soldat de la même cause, il suit à Munich l'exemple de son capitaine. Sans doute, il dit quelques mots sur les perforations, mais ce n'est pas pour en essayer une explication quelconque, scientifique ou non, ni pour discuter celle que nous proposons nous-mêmes; c'est pour demander... qu'on lui parle d'autre chose. Car voilà toujours la méthode!

Qu'on ne croie pas que je plaisante! On va lire ses propres paroles :

« Il faut exiger, dit-il gravement, que l'on

donne des renseignements *détaillés* (1) sur l'état de l'*entourage* de la plaie (c'est-à-dire des perforations), et, naturellement, ceci aussi doit se faire en termes techniques. En décrivant la lésion des parties molles, il faut dire quel aspect offrent les ulcères, quelle profondeur ils ont, de quelle partie ils viennent, de quelle nature sont les sécrétions, etc. »

Eh! docteur, répondez-moi, je vous prie : y avait-il un trou béant dans la joue et un autre au palais?

Ces trous ont-ils été bouchés instantanément par la formation subite de chairs nouvelles?

La question vous embarrasse, je le conçois; vous cherchez à l'esquiver, c'est évident. Mais il faut pourtant la regarder en face et essayer de la résoudre ou bien avouer franchement que la médecine n'en offre pas la solution. Et c'est pourquoi on vous la posera toujours.

J'y reviens donc : existait-il chez la malade deux perforations, et ces perforations ont-elles été subitement fermées à Lourdes?

Si vous répondez oui, je demande quelle est à vos yeux l'explication qui puisse rendre compte de ce merveilleux phénomène. Si vous préférez répondre non, vous devez déclarer en même

_____

(1) C'est moi qui souligne.

temps que les témoignages historiques les plus certains sont pour vous sans valeur. Car c'est, comme plus haut, une question d'histoire.

Mais ne tentez pas de nous jeter de la poudre aux yeux en nous parlant de « la nature des sécrétions », « des parties d'où vient l'ulcère », « de la description de l'entourage, etc. ».

Le but poursuivi devient trop visible et la méthode qu'il inspire se montre sous un aspect trop ridicule. Pour admettre l'existence d'un homme, c'est vraiment aller un peu trop loin, je ne dis pas seulement d'exiger au préalable la description de son voisin, comme on le fait ici, mais même de prétendre savoir s'il a le nez long, ou la bouche grande, ou les cheveux roux.

Ne nous jetons pas dans le secondaire pour nous dérober au principal.

La conclusion n'est point douteuse : les exigences du docteur sont insoutenables, et, comme je l'ai dit, j'aurais bien envie de l'en punir en expérimentant sa méthode sur lui-même. Tant que je n'aurai pas, sur sa personne, un certain nombre de détails physiques, déterminés à ma fantaisie et qu'il me plaira de déclarer scientifiquement nécessaires, pourquoi ne refuserais-je pas de croire, à mon tour, qu'il est un être réel, en chair et en os, et non un simple mythe, une vapeur, une fumée, un rêve?...

Le lecteur est renseigné, désormais — du moins je l'espère — sur ces fameuses exigences scientifiques. Il voit de quel parti pris obstiné elles viennent et à quelles conséquences absurdes elles arrivent.

2°

Du témoignage médical
et du témoignage historique

Reste un autre principe, dont ces Messieurs usent avec une sorte de prédilection. Le docteur Christel en nourrit ses « études critiques » contre *Un Miracle d'aujourd'hui*, et il en a régalé les juges de Munich.

C'est aussi une arme forgée tout exprès contre les miracles de Lourdes. Mais, naturellement, on le met sur le compte de cette malheureuse science, qui n'a pas de voix pour protester contre les abus qu'on fait de son nom.

Il s'agit des témoignages.

Ces Messieurs, qui sont médecins, entendent réserver aux seuls médecins la faculté de témoigner sur un fait pathologique, serait-il visible à tous les yeux; tous les autres témoins sont disqualifiés : on ne s'en occupe pas.

Le lecteur comprend tout de suite le profit merveilleux que les patrons de cette prétention

orgueilleuse pourraient en retirer, s'ils parve-
naient à la faire accepter du public.

D'abord la profession, à laquelle ils ont l'honneur d'appartenir, y trouverait un privilège flat-
teur. On a vu plus haut qu'ils entendaient refuser
à tout homme d'étude, s'il n'est pas médecin, —
serait-ce à Pasteur par conséquent — le droit de
parler sur une question *théorique* qui peut toucher à la médecine.

Ils dénoncent maintenant, chez tous les témoins,
étrangers à leur corporation, la même incapacité
radicale pour *apercevoir* les infirmités physiques
qui tombent sous le regard de tout le monde.

Ainsi, dans le vaste domaine des maux divers
qui peuvent affliger l'humanité, ils monopolise-
raient toutes les observations sensibles, si simples, si rudimentaires qu'elles soient.

Après le monopole qui leur réserve tous les pro-
fits de la clientèle, — personne ne proteste contre
celui-là — ce serait le monopole de voir, comme
celui de savoir.

On compterait ainsi trois monopoles pour une
même profession, dans une société où les monopoles sont, dit-on, abolis. Ce bon docteur ne vous
semble-t-il pas insatiable?

.*.

Et puis, il dédaigne vraiment trop les profanes.

D'abord, il les appelle des *laïques* : ce qui montre qu'il pense appartenir lui-même à une caste ayant quelque chose de sacré.

Je me rappelais, en le lisant, une séance de la Chambre des députés, à laquelle j'assistais il y a une dizaine d'années.

Un farouche anticlérical était à la tribune, et comme l'administration des haras lui avait refusé je ne sais plus quelle faveur particulière, il la flagellait vigoureusement au nom de l'intérêt général. Il en vint jusqu'à demander qu'on la supprimât, du moins dans la forme qu'elle avait. Ce que sa langue, trompée par ses habitudes de laïcisateur obstiné, exprima de cette manière : « Rien ne marchera dans cette administration, Messieurs, tant qu'on n'aura pas remplacé les officiers par des *laïques*. »

Alors, ce fut un beau spectacle! De l'extrême droite à l'extrême gauche, les exclamations et les rires éclatèrent en fusée. Les députés de l'opposition regardaient en souriant les députés ministériels, qui leur rendaient la politesse. Pendant quelques instants, il n'y eut plus de partis.

L'autre cependant se dépêtrait, là-haut, comme il pouvait, se reprenant, s'expliquant, se démenant, mais sans parvenir à rattraper le mot, qui volait joyeusement d'un banc à l'autre.

Le docteur allemand n'y met pas tant de fa-

çons. Ce mot de « laïque » lui plaît; il le savoure.
Dans sa pensée — il ne saurait trop le redire —
nous sommes tous des laïques, de simples laïques,
rien que des laïques, y compris votre serviteur,
qui ne se croyait pas à ce point laïcisé.

Quant à lui, il est membre d'un clergé nouveau,
et ce clergé ne saurait avoir trop de privilèges.
Tant pis pour ceux qui n'en sont pas!

**

Et voyez en même temps combien ce vaniteux
amour de son couvent s'accorde, chez lui, avec
l'intérêt de la chère cause qu'il entend servir. S'il
arrivait à faire croire tout ensemble que la science
exige la constatation de la maladie, immédiatement
avant la guérison, et que des profanes ne sauraient fournir sur ce point aucun témoignage
digne de foi, comme il tient pour à peu près impossible qu'un médecin se trouve là, juste au
moment psychologique, ainsi que disait Bismarck,
il s'imagine que le tour serait joué, et les défenseurs de Lourdes condamnés à l'impuissance : ils
ne pourraient jamais prouver un miracle.

Le calcul n'est pas, cependant, tout à fait juste.
Car il se rencontre des occasions où un médecin
constate le mal, presque à la dernière heure.

Ainsi, j'ai fait partie, en 1010, d'un tribunal
canonique, qui étudiait une guérison obtenue à
Lourdes, au mois de mai 1900. Il s'agissait de

gommes bacillaires, dont quelques-unes avaient
été opérées, et d'abcès par congestion, situés dans
la région abdominale.

Beaucoup de ces abcès avaient été ouverts dans
l'espace de onze mois. Trois existaient au moment
du pèlerinage. Il s'y était formé quatre fistules,
très larges et très profondes, par où s'écoulait un
pus très abondant et très épais. La malade était
munie de deux attestations, aussi précises qu'authentiques, délivrées, quelque temps auparavant,
l'une par le médecin traitant, l'autre par le chirurgien opérateur, et elle allait partir pour
Lourdes.

Or, le matin même où elle devait se mettre en
voyage, une grave hémorragie se déclara dans une
des fistules. Il fallut envoyer chercher précipitam-
ment le docteur : il vint et vit ainsi, à l'heure
même où le départ allait avoir lieu, l'état lamen-
table déjà consigné dans son certificat.

Trois ou quatre jours après sa malade était de
retour, et il constatait une transformation incroyable : plus de purulence, les abcès cicatrisés, les
fistules fermées, les indurations disparues, l'abdomen devenu souple, bref, un état normal au
lieu d'un état affreux, et il a pu témoigner de l'un
et de l'autre.

Mais cette visite médicale à la dernière heure
ne se produit pas le plus souvent, je l'accorde. Bien

des fois, on doit s'en tenir, pour les derniers
jours, aux témoignages de personnes sûres, qui
n'appartiennent pas à la Faculté.

Supposé donc que ces témoignages soient tenus
désormais pour non avenus, comme le voudrait
le docteur Christel, voilà d'un coup ces Messieurs
délivrés d'un grand nombre de miracles embar-
rassants!

* * *

Et c'est leur but.

Je n'en veux d'autres preuves que le cas fait
par eux des attestations médicales, quand ces
attestations deviennent gênantes pour leurs idées
philosophiques, mises en péril par les miracles.

Car il peut arriver, je viens de le dire, que les
médecins soient à même de témoigner et témoi-
gnent de la maladie jusqu'au dernier moment.

D'autres fois, et bien plus souvent encore, pour avoir
précédé un peu la guérison, leurs certificats n'en
montrent pas moins avec évidence que le mal a
dû persévérer *nécessairement* jusqu'à l'intervention du ciel, n'étant pas de ceux qui auraient pu
guérir dans l'intervalle.

Voici, par exemple, l'héroïne d'*Un miracle
d'aujourd'hui.*

D'après plusieurs attestations médicales, atteinte du mal de Pott, elle avait, dans le dos, une
gibbosité caractéristique. Or, une fois que cette

gibbosité est constituée, elle ne disparaît *jamais* par les moyens médicaux. Charcot le dit expressément. J'ai cité plus haut ses paroles.

Eh bien, la gibbosité est disparue entièrement : l'examen de la colonne vertébrale et l'image radiographique le montrent avec une pleine clarté.

Donc, sans qu'il soit besoin de recourir à des dépositions profanes, le miracle est prouvé : les certificats médicaux y suffisent.

Que font alors ces terribles partisans, ces partisans exclusifs du témoignage professionnel, le seul à leurs yeux qui puisse et doive compter?

Oh! ils ne cherchent pas bien loin : ils déclarent tout simplement qu'ici il ne compte pas; ce qui met leur parti pris bien à l'aise, mais ce qui le met aussi en pleine lumière.

Le docteur Tulasne, disent-ils, s'est trompé; le docteur Du Mouza s'est trompé; le docteur Th. s'est trompé; le docteur Assaky s'est trompé; le docteur Lieffring s'est trompé.

Bref, tous les médecins qui ont visité la jeune malade et qui ont affirmé le fait pathologique, dont ils avaient été témoins, ont fourni des attestations qui sont nécessairement non avenues. Pourquoi? Parce qu'elles contrarient le scepticisme de ces esprits fanatiques.

Déplorable méthode, en vérité : ni scientifique, ni loyale; elle n'a pour elle que l'audace.

Et pourtant ils y sont fidèles. C'est d'elle qu'ils usent encore dans le cas de Pierre De Rudder et de beaucoup d'autres. Ainsi, il faut voir avec quelle superbe suffisance mon honorable adversaire repousse le témoignage du docteur Affenaer et celui du docteur Van Hœstenberghe, médecins du célèbre miraculé. Il va jusqu'à s'en prendre à toute la médecine belge de ce temps-là.

On se rend donc parfaitement compte de la tactique. Elle n'est pas d'ailleurs compliquée :

1º Déclarer de nulle valeur tous les témoignages qui ne sont pas des témoignages médicaux; c'est le moyen de rendre la preuve impossible dans bien des cas;

2º Quant aux témoignages médicaux, déclarer aussi de nulle valeur, comme les autres, tous ceux qui pourraient suffire à démontrer le miracle.

Le dessein est clair et le moyen simple. Mais justement le moyen est trop simple et le dessein est trop clair. Tout lecteur qui réfléchit discerne aisément l'un et condamne sévèrement l'autre.

Insistons un peu sur ce dernier point, en ce qui concerne les témoignages profanes, proclamés indignes de tout crédit. Etudions de près, essayons d'éclairer d'un peu de lumière le principe commode, qui prétend interdire d'en tenir compte.

⁂

Dans une maladie, on peut chercher à découvrir

la *nature* même du mal, ou se borner à en constater l'*existence*. Ainsi, je vois un malade vomir
du sang. Je ne me préoccupe pas de savoir d'où
vient ce vomissement, quelle en est la cause. Si
l'on me demande ensuite : « Avez-vous vu en réalité le sang sortir de la bouche? » je répondrai :
« oui, je l'ai vu ».

Et ce sera un simple témoignage *historique*.

Au contraire, un médecin, qui se trouve là,
considère la couleur du liquide et note toutes les
circonstances, capables de le renseigner sur la
nature du mal qui a provoqué l'accident. C'est un
examen *médical*.

Cette distinction est essentielle, et, chose éton-
nante, ni M. Christel, ni ses amis n'ont l'air de la
soupçonner. Ils mêlent tout, ils confondent tout,
ils brouillent tout.

Je dis donc qu'une fois qu'on a distingué les
deux témoignages, le témoignage médical et le
témoignage historique, la question devient très
facile : la conclusion suit avec évidence.

A-t-on la pensée de faire le diagnostic d'une
maladie, ou bien de décrire un symptôme avec
une précision scientifique, ou enfin de pratiquer
un examen compétent, aucun doute n'est
possible : c'est une affaire médicale, on doit
l'abandonner aux médecins.

Mais il en est tout autrement s'il faut simple-

ment voir ce qui frappe le regard et témoigner de
ce qu'on a vu.

Revenons pour bien le comprendre, aux guérisons que notre docteur a lui-même choisies.

Mlle Tulasne avait-elle encore, au moment de
sa guérison, le pied-bot qu'elle présentait auparavant, l'enflure qui couvrait sa cheville, surtout
les trois saillies vertébrales que les médecins ont
signalées dans plusieurs certificats? Ces saillies
étaient-elles toujours visibles?

Il n'est nullement nécessaire d'être médecin
pour avoir le droit de fournir un témoignage sur
ces faits. Ce n'est pas un témoignage médical,
c'est un témoignage historique. Il suffit, si l'on a
des yeux, d'avoir eu l'occasion de s'en servir.

De même pour De Rudder. La veille de sa
guérison, que dis-je? le matin même, des témoins
ont vu sa jambe flotter comme une loque; certains
l'ont vu tordre par le malade, de manière que le
talon vînt à la place des orteils; ils ont vu et senti
les plaies affreuses et nauséabondes qu'elle présentait (1).

Leur témoignage est-il recevable, quoiqu'ils ne
soient pas médecins?

Assurément, pourvu qu'il offre les garanties
exigées de tout témoignage historique.

(1) On trouvera tous ces témoignages dans mon *Histoire
critique*, à l'endroit cité plus haut.

Mme Rouchel part de Metz; le médecin traitant a constaté, onze jours auparavant, les perforations du palais et de la joue. Mais il existe encore des témoignages postérieurs. Seulement, comme ils n'émanent pas de leur corporation, ces Messieurs osent prétendre qu'on ne doit pas s'en occuper.

Quoi! il faudra même négliger ceux des sœurs garde-malades qui ont soigné ces plaies purulentes! Malgré leur longue expérience, ces garde-malades doivent être déclarées incapables de dire que les plaies du visage existaient toujours!

De telles prétentions dépassent vraiment toute mesure, et pour y croire, on a besoin de lire les textes soi-même. Eh bien, on va les lire.

Mais je rappelle d'abord que la sœur Sophie, de la Charité maternelle de Metz, fut chargée de veiller sur Mme Rouchel durant le pèlerinage. Or, j'ai interrogé longuement cette bonne religieuse. Elle m'a raconté que, durant le voyage, le bandeau qui couvrait le visage de la pauvre malade devait être remplacé toutes les dix minutes.

Je lui demande : « Avez-vous vu nettement le trou de la joue droite, ma sœur?

— « Non seulement je l'ai vu, répond-elle, mais le bouchon de caoutchouc, qui le fermait au départ de Metz, s'étant égaré en route, j'ai fait un tampon d'ouate et je l'ai placé moi-même, de manière à empêcher les liquides que prenait la malade de s'échapper par cette issue. »

— « Et ce tampon était gros?

— « Gros comme mon petit doigt, qui aurait pu très bien entrer dans la bouche, par l'ouverture que l'ulcère avait formée. »

Écoutez maintenant le docteur Christel, parlant devant les juges de Munich :

« Il faut que les experts fassent la lumière sur l'usage qu'on peut faire des récits de laïcs (1). On dit que les sœurs infirmières, qui se seraient occupées du transport, ont fait certaines observations. (Eh oui, le bouchon de caoutchouc, le bouchon d'ouate, le pus dont l'abondance épuise la provision de linge) (2). Mais nous devons considérer qu'une sœur infirmière, bien qu'elle fasse ses dépositions sans doute avec une entière bonne foi, ne peut jamais faire une déposition d'expert (mais qui donc le lui demande?); qu'elle peut se tromper; car elle ne possède pas les méthodes d'une observation réelle, les méthodes d'examen, que, dans beaucoup de cas, elle ne sait

---

(1) Les experts, c'est lui et ses amis. Ne dirait-on pas qu'ils vont prononcer des oracles! Et vous allez voir ces oracles! — On ne sait trop vraiment s'il faut rire de cet orgueil naïf et solennel, ou si l'on doit plutôt en avoir pitié.

(2) Cette parenthèse est de moi, ainsi que les suivantes, et le soulignement à la fin de la citation,

pas même de quoi il s'agit (mais elle sait tout de même si elle a mis un bouchon d'ouate dans un trou béant de la joue, et cela suffit). Nous voyons cela assez clairement dans le cas Rouchel. Il a été décrit quel avait dû être l'état de la femme avant la guérison. Il n'est pas possible de s'en faire une idée claire par ce que chacun a vu. *Ceci ne peut se faire qu'en termes techniques.* »

Quand je vous disais que le malheureux docteur embrouille tout!

Les termes techniques sont utiles pour un examen *médical*, docteur; mais ils ne sont pas du tout nécessaires pour un témoignage *historique*. Sœur Sophie, et aussi Sœur Mechtilde, de l'hôpital de Lourdes, affirment qu'elles ont vu, dans la joue droite, un trou large comme leur petit doigt, que le médecin traitant avait d'ailleurs constaté lui-même.

Que voulez-vous de plus clair?

Est-il nécessaire de connaître des mots techniques et de s'en servir pour voir ce trou et pour affirmer qu'on l'a vu?...

***

Déjà précédemment, j'ai eu l'occasion de répondre au docteur Muller sur le même sujet. Lui aussi, il avait osé prétendre que les témoignages invoqués, n'étant pas des témoignages médicaux, ne comptaient pas.

Je répliquai à cette injurieuse forfanterie :

« Quoi! on a besoin d'être médecin pour sentir des odeurs nauséabondes, pour voir des plaies qui couvrent le visage et qui suppurent abondamment, pour voir un trou béant, gros comme le doigt, qui perce la joue, par lequel s'échappe le liquide introduit dans la bouche, et les personnes mêmes qui ferment ce trou, avec un tampon de caoutchouc d'abord, puis, le tampon s'étant égaré dans le voyage, avec un bouchon d'ouate qu'elles font elles-mêmes, n'ont pas le droit de dire qu'elles l'ont vu? Ce droit n'appartient qu' « à nous autres, grands médecins », comme disait Sganarelle!

« En vérité, on croyait que tous les médecins de Molière étaient morts, mais il paraît qu'il en existe encore, et il faut le regretter pour une profession où l'on compte tant d'esprits distingués et de caractères loyaux » (1).

Concluons que, présentée avec la précision nécessaire, la question ne peut faire l'objet d'aucun doute : la solution s'impose avec clarté.

Demande-t-on, pour *une étude technique*, un témoignage *médical*? Il faut s'adresser aux médecins.

Mais s'agit-il d'un témoignage *historique*, por-

_____

(1) *Histoire critique des événements de Lourdes*, p. 540.

tant sur la simple *existence* d'un fait *sensible*, quel qu'il soit, le témoin n'a aucun besoin d'être passé par une école de médecine pour avoir la faculté de le voir et le droit de dire qu'il l'a vu.

« Il est vraiment peu sérieux de prétendre, disait un médecin, homme d'esprit, qu'il faille absolument être tailleur pour apercevoir un trou dans une jaquette trouée. »

———————

VI

ERREURS DE FAITS

1°

Une erreur de fait

On vient d'en avoir la preuve : les principes, où s'appuie l'adversaire de Lourdes, ne peuvent être logiquement défendus : ils constituent des erreurs.

Et comme ils forment l'unique base de sa thèse, sa thèse croule, comme eux et avec eux.

Mais à côté des fausses affirmations de principes, il a émis, et en grand nombre, de fausses affirmations de faits, qui ajoutent à la fragilité de ses conclusions.

C'est une assertion grave, je le sais; elle étonnera sans doute quelques esprits, à qui les prétentions fanfaronnes du docteur auraient pu donner des illusions sur la rigueur de sa méthode.

Elle exige donc des preuves. Les voici!

D'abord, le docteur assure que l'auteur d'*Un Miracle d'aujourd'hui* fonde ses conclusions sur « des documents défectueux. Car il travaille avec des *diagnostics*, des affirmations et des témoignages de laïques ». Voilà comment il établit l'existence d'« une carie vertébrale avec gibbosité ».

Ce court passage contient deux assertions nettement inexactes.

Nulle part, je n'ai invoqué le *diagnostic* d'un témoin étranger à la médecine, et je mets au défi le docteur Christel de me contredire *en me citant*. Nulle part, je ne me suis appuyé sur l'autorité de témoins de ce genre pour croire ou faire croire à une carie vertébrale.

Bref, jamais je n'ai cherché parmi eux un témoignage médical, sur la *nature* de la maladie; je leur ai demandé seulement un témoignage historique sur l'*existence* de symptômes, tombant sous les sens, come la grosseur de l'aine et la gibbosité du dos.

Mais en outre, et surtout, le docteur fait entendre, dans cet endroit de ses « études critiques », que je n'ai eu à ma disposition et que je n'ai utilisé aucune attestation de médecin pour établir les saillies vertébrales.

Or, c'est nettement, positivement, formellement faux.

Pour s'en convaincre, le lecteur n'a qu'à parcourir les pages 65-67 de mon ouvrage.

Il y trouvera, cités textuellement, le certificat du docteur Tulasne, qui déclare avoir constaté ce grave symptôme dès le début, ce qui lui « fit poser le diagnostic du mal de Pott », et celui du docteur Du Mouza, qui le constata plus tard et qui écrit :

« Je certifie que Mlle Tulasne, atteinte du mal de Pott et soignée par moi d'avril à septembre 1896, *avait trois saillies vertébrales très visibles.* »

Une autre attestation du même médecin, citée dans les mêmes pages, signale « la saillie de la dernière vertèbre dorsale et des deux premières lombaires, formant une petite gibbosité localisée ».

Et voilà comment, pour établir le mal de Pott avec gibbosité ou saillies des vertèbres, je ne sais me servir que « de documents défectueux : diagnostics, affirmations et témoignages de laïques ».

2°

Nouvelle erreur de fait

Veut-on un autre exemple d'exactitude scientifique?

Voici un morceau décisif.

Il s'agit de « caractériser la démonstration de M. le professeur Bertrin », laquelle, on s'y attend bien, soulève le cœur du médecin allemand.

Le docteur parle d'abord des renseignements symptomatologiques empruntés par moi à des hommes fort compétents, par exemple au docteur

Chipauld, qui écrit : Parmi les symptômes du
mal de Pott, on trouve des « crises épileptiques
généralisées ».

Puis, sautant sans plus de façon par-dessus
trois paragraphes, il passe à une citation nouvelle, où il est dit que, dans certains cas, « ce sont
les accidents nerveux qui attirent exclusivement
l'attention », et il continue (voici la perle!) :

« Ce passage montre seulement, dans l'exposé
de Bertrin, une lacune non relevée jusqu'ici, à
savoir les phénomènes de constriction dès la
phase initiale, auxquels il *n'est pas même fait la
plus légère allusion* (c'est lui qui souligne). Il
l'applique aux crises épileptiformes qui se présentent dans la dernière phase, et puis il décrète :
« ce sont des symptômes réguliers... ils contribuent à établir le diagnostic du mal de Pott. »

Sur quoi mon savant contradicteur s'applaudit
et conclut, avec quelle grâce légère, on va le voir :

« Eh! bien, cher lecteur, si tu n'en as pas
encore assez de cette science de M. le professeur
Dʳ Bertrin, je suis prêt à t'en servir d'autres
échantillons ».

Et moi, justement, je viens de servir un échantillon de la sienne, et je demande qu'on le savoure
un instant avec moi.

Il forme une erreur complexe, une erreur à
trois têtes, comme le vieux Cerbère, gardien des

Enfers. Je l'appelle une erreur; mais on est libre
de lui donner un autre nom, si l'on préfère.

En premier lieu, il n'est pas vrai que j'applique
le passage cité aux crises épileptiformes. C'est
pour le faire croire que l'impartial auteur a supprimé les paragraphes, placés après les paroles
de Chipauld au sujet des « crises épileptiques »,
sujet que la citation nouvelle paraît ainsi conti-
nuer. En réalité, je viens de parler d'autre
chose, je viens d'écrire :

« Bref, *tous les accidents nerveux* peuvent se
produire, comme dans tous les cas où la moëlle
et les nerfs sont atteints » (1).

Il ne s'agit donc plus ici exclusivement, ni principalement, des crises épileptiformes, il s'agit des
accidents nerveux *en général*. C'est un procédé
un peu nouveau que de laisser croire le contraire,
en prenant soin de tronquer le texte.

***

C'est aussi des accidents nerveux, quels qu'ils
soient, et non des crises épileptiques, particulièrement, que s'occupe le passage de mon livre, qui
est censé décréter je ne sais quoi, et que le docteur défigure en l'analysant. Le voici, il est fort
clair :

(1) *Un Miracle d'aujourd'hui,* page 100.

« On peut dire *des accidents nerveux* ce qui a été dit plus haut des contractures : ils ne sauraient être invoqués contre l'existence de la tuberculose des vertèbres chez un malade en qui ils se manifestent. Ils en sont même des symptômes réguliers : au lieu d'exclure le diagnostic du mal vertébral (le docteur escamote doucement cette petite phrase), ils contribuent *plutôt* à l'établir ».

Plutôt est aussi supprimé.

On veut malignement et à tout prix me faire dire que les crises épileptiformes se rencontrent *toujours* dans le mal de Pott, et qu'elles en prouvent même l'existence, ce qui serait énorme, tous les épileptiques n'étant pas évidemment des pottiques.

Or, j'ai dit seulement : on ne saurait chercher une objection, contre le diagnostic du mal de Pott, dans les diverses manifestations nerveuses qui peuvent survenir au cours de la maladie. La moëlle, les centres des nerfs, étant atteints, ou, comme s'exprime Charcot, « une myélite partielle étant la conséquence à peu près obligatoire de la compression spinale », il n'est pas étonnant, il est régulier qu'on voie survenir des accidents nerveux de diverse nature; mais si ces accidents doivent agir sur le diagnostic, quand ils se manifestent, c'est *plutôt* pour l'établir que pour l'exclure.

On voit qu'il y a bien loin de ce que j'ai dit à

ce qu'on prétend me faire dire, au moyen de tripatouillages de textes, appropriés à ce mauvais dessein.

* *

Mais ce qui est le comble, c'est d'oser écrire qu'on ne trouve pas, dans mon livre, « la plus légère allusion » aux graves phénomènes de constriction, que les malades éprouvent dès le début du mal, en quoi on dénonce une importante « lacune ».

Vous allez voir comment ce savant se documente, et quelle sorte de crédit il convient d'accorder aux plus formelles de ses assertions.

J'ouvre mon livre, à la page 55, et j'y lis : « Elle (Mlle Tulasne) éprouvait *un sentiment très vif de constriction* : « Je me sentais, dit-elle, serrée comme dans un étau ».

Et je continue :

« Ce genre de douleurs est normal dans l'affection dont traitent ces pages. Ecoutons, en effet, les maîtres de la science. Le professeur Lannelongue, après avoir indiqué, parmi « les douleurs initiales spontanées », celles du thorax et la douleur en ceinture, une des plus fréquentes, signale le cas où le malade se plaint d'avoir la poitrine serrée comme dans un étau » (1).

On voit par là comment je ne fais pas « l'allu-

_____

(1) *La tuberculose vertébrale*, Paris, 1888 p. 143.

sion la plus légère » au sentiment de constriction, une des douleurs initiales symptomatiques du mal de Pott! Ce qui révolte la science de M. Christel et doit, d'après lui, manifester aux yeux de tous la déplorable insuffisance de la mienne. Il est vraiment bien informé!

Le lecteur est donc averti; il fera bien, désormais, d'être en garde. Trois... erreurs (nous sommes convenus du nom) dans un passage de dix lignes, c'est assez vraiment pour donner la mesure d'un homme.

3°

Erreurs plus graves encore

De telles erreurs sont assurément très regrettables. Mais enfin, si on y ajoutait foi, elles pourraient nuire seulement à la réputation de l'auteur qu'elles attaquent et à l'autorité des discussions auxquelles il se livre.

D'autres ont de pires conséquences. Elles trompent sur le fait même, qui est le fond du débat, et le caractère qu'on doit lui reconnaître.

Voici par exemple une affirmation du docteur; elle est très catégorique :

« M. Bertrin, écrit-il, cite le professeur Kirmisson sur les douleurs accompagnant les mouvements de la colone vertébrale, *sans que ces symptômes, très caractéristiques, se trouvent dans les dires de la malade ou des médecins.* »

Or, prenez mon livre à la page 56, vous y lirez :

« Le docteur T. (Tulasne), dans son certificat, écrit que les douleurs se localisèrent aussi dans la colonne vertébrale. »

Et le certificat est reproduit tout entier à l'appendice, page 144.

J'ajoute : ce témoignage « est confirmé par le docteur D. M. (Du Mouza) : la malade, dit celui-ci, souffrait de douleurs dorsales et lombaires. »

Quant à la gène douloureuse des mouvements, d'après les déclarations de la malade faites devant le tribunal sous la foi du serment, je dis en plusieurs endroits qu'elle rendait la marche impossible. Je le dis notamment, pour ne pas tout citer, page 26. Voici le passage :

« Les voyageurs n'étaient pas à Pornic depuis quinze jours que la marche, jusque là difficile, devint impossible. Il fallut rouler la malade dans une petite voiture... Bientôt même Mlle Tulasne fut incapable d'assister à la messe le dimanche. Sa piété est restée privée de cette joie pendant quinze mois entiers! du mois de juin 1896 au 12 septembre 1897. »

Encore une fois, c'est un résumé de sa déposition.

Après cela, il faut peut-être, on en conviendra, un certain courage pour écrire : il n'est question

des douleurs et de la difficulté des mouvements
de la colonne vertébrale, ni dans les « dires des
médecins ni dans ceux de la malade ».

* * *

Immédiatement après, l'écrivain parle du premier corset de plâtre. Il avance que, au moment
où il fut appliqué, les médecins « étaient très peu
au clair sur la maladie », quoique Mlle Tulasne
« prétende avoir constaté l'existence de la gibbosité plusieurs jours auparavant ».

D'où le lecteur doit conclure évidemment que
les médecins traitants ne l'avaient pas constatée
eux-mêmes : apparemment, ils avaient fabriqué
et posé l'appareil au hasard. Si vous voulez vous
en rendre compte, lisez ce passage du certificat,
signé par le docteur Tulasne :

« Il apparut, au niveau des vertèbres dorsales,
une déviation médiane et angulaire (c'est le nom
classique de la gibbosité caractéristique de la
maladie) qui me fit poser le diagnostic du mal de
Pott et mettre un appareil plâtré. »

Notez que M. Christel fait allusion lui-même à
ce certificat un peu plus loin; mais l'impression
est produite et il reste dans l'esprit du lecteur
que le corset de plâtre a été appliqué sur les déclarations de la malade, et non (comme c'est la
vérité) parce que le docteur Tulasne avait constaté la gibbosité, symptôme caractéristique du

mal; constatation que firent à leur tour les docteurs Assaky et Th., quand ils placèrent un corset nouveau.

C'est ainsi qu'on écrit l'histoire, tout en se réclamant de la science avec des airs hautains et dédaigneux!

4°

Encore une grave erreur de fait

Voici qui a plus d'importance encore!

Dès le début de son premier article, résumant l'ensemble de ma discussion, le docteur écrit que les rapports des médecins traitants « font naturellement défaut ».

Et il tient à pénétrer ses lecteurs de cette idée, car il y revient plus loin, en affirmant que la démonstration de la guérison miraculeuse manque d'une condition nécessaire : la constatation de l'état de la malade, dans les périodes successives du mal, et particulièrement de son « état *avant* la prétendue intervention des puissances supérieures ». J'ai, paraît-il, « cherché à combler cette lacune par les dires des profanes ».

Ainsi donc, d'après cet historien attentif et véridique, les médecins n'ont pas fourni de témoignages authentiques sur les différentes phases de la maladie, et spécialement sur la dernière.

Pour montrer la valeur d'une pareille assertion,

je suis obligé de faire appel à des documents
dont j'ai déjà parlé à d'autres points de vue. Le
lecteur voudra bien me le pardonner, je l'espère.

Voici donc un petit tableau récapitulatif; on le
trouvera sans doute éloquent.

Première période de la maladie (juin-novembre
1895). — Le docteur Tulasne certifie que, outre
des douleurs diverses, particulièrement dans la
colonne, l'apparition d'une gibbosité médiane et
angulaire lui a fait diagnostiquer le mal de Pott,
et mettre un corset plâtré.

Ce corset, appliqué le 18 octobre, est remplacé
par un second le 22 novembre, les deux opéra-
tions étant faites de concert par le docteur
Tulasne et le docteur M., comme il ressort des
notes pour honoraires, fournies par celui-ci et
conservées au dossier sous la cote IV, 3.

Seconde période (janvier-avril 1896). — Le
docteur Assaky, agrégé des Facultés de médecine
de France, est appelé à visiter la jeune malade.
Il déclare qu'elle est atteinte du mal de Pott, et
qu'au point où est le mal, il le tient pour incu-
rable. Il dit encore que les premiers médecins ne
se sont pas trompés et ne pouvaient pas se
tromper, le diagnostic ne faisant aucun doute,
« à moins d'être des ânes ». (Dépositions de
MM. Bodin et Verger).

En outre, le second appareil n'étant plus toléré,

le docteur Assaky l'enlève et le remplace par un troisième, avec le concours du docteur Th.

J'aime à croire que M. Christel tient ce nouveau corset pour un « document » significatif, révélant avec évidence l'avis des docteurs Assaky et Th. sur l'état de la malade à ce moment.

Troisième période, séjour à Pornic (avril-septembre 1896). — Le docteur Du Mouza, médecin à Pornic, soigne Mlle Tulasne durant cette villégiature. Il ouvre le corset qui meurtrissait la peau et applique des pointes de feu dans la région dorso-lombaire, siège du mal.

Il déclare, dans un certificat authentique, qu'il a vu les trois saillies des vertèbres, qui étaient, du reste, « très visibles », et il affirme, dans un autre, que la jeune fille était atteinte du mal de Pott et qu'elle « ne retira aucun bénéfice de son séjour de plusieurs mois au bord de la mer; elle partit plus affaiblie qu'au moment de son arrivée à Pornic ».

Interrogé plus tard, officiellement et sous serment, il répond que par mal de Pott, il a entendu, dans son certificat, désigner le mal de Pott véritable, « c'est-à-dire la tuberculose vertébrale ».

Or, ce certificat est délivré *deux mois avant la guérison*, le 14 juillet 1897.

Ces divers documents sont conservés au dossier, sous la cote I, 4. 5, 6.

Dernière période (janvier-août 1897). — Je relève deux témoignages médicaux. Premier témoignage : le docteur Th., qui a retrouvé sa malade, enlève l'appareil, replacé après l'inutile essai des pointes de feu, et devenu intolérable; il prescrit l'immobilisation complète sur une planche, moyen thérapeutique classique dans la tuberculose des vertèbres, et il maintient sa prescription jusqu'à la fin avec une sévérité très rigoureuse.

En outre, dans les derniers jours de juillet, il juge sa cliente trop malade pour qu'elle puisse accomplir le voyage de Lourdes, et lui refuse le certificat qui devait lui permettre de se joindre au pèlerinage du diocèse. Il ajoute que si elle passe outre à son avis, si elle part, elle pourra bien ne pas revenir.

Second témoignage médical pour la même période, particulièrement pour les dernières semaines, celles qui ont précédé immédiatement la guérison : le certificat du docteur Lieffring, délivré le 7 août. Il constate l'existence du mal de Pott lombaire. Mon livre le reproduit textuellement et l'original est au dossier sous la cote I, 1. En voici d'ailleurs la reproduction :

« Tours, le 7 août 1895,

« Je soussigné, docteur en médecine, certifie que Mlle Jeanne Tulasne, âgée de vingt ans,

8

domiciliée à Tours, 8, rue Ragueneau, est atteinte d'un mal de Pott lombaire, avec accidents névropathiques dans la zône du sciatique gauche, et atrophie musculaire du membre correspondant.

« Cette malade est transportable à Lourdes, dans des conditions d'immobilité prescrites par son état.

« En foi de quoi je lui ai remis ce présent certificat.

Signé : Dr Lieffring. »

Rappelez-vous maintenant l'assertion du docteur Christel affirmant que les médecins traitants n'ont pas fourni de témoignages sur les différentes phases de la maladie et particulièrement sur la dernière, ce qui a obligé l'auteur d'Un Miracle d'aujourd'hui « à combler cette lacune par les dires des profanes »; rappelez-vous, dis-je, cette assertion tranchante, faite pour des gens qui n'ont pas généralement sous la main le moyen de la vérifier, comparez-la avec le tableau qui vient de vous être présenté, et... tirez vous-même la conclusion. J'aime mieux que vous pensiez tout bas ce qu'il me serait pénible de dire tout haut.

5°

Dernier échantillon

Vous ne savez pas tout encore. La mine est inépuisable; je n'en ai pas extrait tout l'or qu'elle renferme. En voici un dernier échantillon, puisque le mot semble plaire à mon contradicteur.

Les trois médecins experts, on l'a vu, ont constaté unanimement que l'état actuel de la jeune fille est tout à fait normal : rien ne reste de la tuberculose vertébrale. Contrairement à ce qui a lieu quand il guérit naturellement, le mal n'a laissé aucune trace de son passage; la région qu'il ravagea est aussi intacte que s'il n'avait jamais existé.

C'est un fait très considérable : il doit frapper tout esprit compétent, qui cherche impartialement la vérité, quelle qu'elle soit. Aussi j'y insiste et j'en tire des conclusions qui me semblent inévitables, en faveur du caractère miraculeux de la guérison.

Or, veut-on savoir comment l'adversaire de Lourdes renseigne ceux qui le lisent sur cet important sujet? Je reproduis textuellement le passage :

« Voici une chose très importante. MM. les docteurs Le Bec, Barnsby et Fleury attestent, en 1905 ou 1906, qu'il n'y a plus chez Mlle T. aucune trace du mal de Pott; l'examen médical actuel (N. B. environ neuf ans plus tard) ne permet pas d'admettre que la jeune fille ait jamais souffert de cette affection ni d'aucune autre. Si l'on compare cette déclaration avec les actes et témoignages apportés par M. le professeur B., on peut bien croire que MM. les experts avaient raison et que Mlle Tulasne n'a jamais souffert de la carie vertébrale. »

Ainsi donc les experts ont dit qu'il n'y avait jamais eu de carie dans les vertèbres et ils ont eu raison de le dire. Il est impossible d'entendre autrement ces paroles. Or, voici la vérité :

Sur les trois experts, un, le docteur Barnsby, a donné une simple note de cinq lignes : il se contente de déclarer que Mlle T. ne présente aujourd'hui aucun vestige du mal de Pott dorso-lombaire.

Chacun des deux autres a rédigé un long rapport, et mon livre contient ces deux rapports comme la note précédente (pages 145-153). Il est donc impossible à M. Christel de chercher une excuse dans l'ignorance des documents.

Or, les deux rapports disent *exactement le contraire* de ce qu'il a osé faire entendre. Car ils expriment la croyance de leurs auteurs à la nature miraculeuse de la guérison. Voici d'ailleurs les textes :

« Je suis amené à m'incliner devant les faits, dit le docteur Fleury, et à formuler la déclaration ci-après :

« Dans les circonstances où elle a été obtenue, et étant donné sa plénitude, sa perfection même, la guérison de Mlle Tulasne n'est imputable à aucune des ressources desquelles dispose, dans son état actuel, la science médicale » (pages 152-153; l'original est au dossier sous la cote VI, 2).

Quant au docteur Le Bec, chirurgien de l'hôpital Saint-Joseph à Paris, dans un premier rapport, purement technique, il déclare « l'état anatomique actuel (chez Mlle Tulasne) *très différent* de l'état ordinaire des vertèbres guéries par le processus habituel des suppurations vertébrales » (page 149), et dans un rapport postérieur, figurant au dossier sous la cote VIII, 2, il finit sur cette conclusion, que je signale à la loyauté de notre docteur.

« Je n'hésite pas à conclure que cette guérison absolue, qui n'a laissé aucune trace des graves lésions des vertèbres, n'a pas pu se faire à la suite du travail lent de la thérapeutique, et qu'elle est due à autre chose qu'aux agents naturels, *c'est-à-dire à une intervention supérieure et divine.*

« En foi de quoi, et sous serment, j'ai signé ce rapport.

« Dr LE BEC. »

(Cité dans mon ouvrage, page 139.)

Et le docteur Christel amène ses lecteurs à penser que les experts sont de son avis : qu'ils n'ont jamais cru à la carie des vertèbres (ni par conséquent au miracle), et qu'ils ont eu bien raison de n'y pas croire!

* * *

Devant l'audace de si inexplicables... erreurs, qui trompent ceux qui lisent sur de si graves questions, je ne sais plus, je l'avoue, ni ce qu'on peut dire, ni ce qu'on doit penser.

Peut-être l'écrivain de la *Metzer Zeitung* voit-il là encore un de ces procédés scientifiques dont il paraît si fier.

Scientifique ou non, quel que soit le nom dont il l'appelle, je livre ce procédé à l'appréciation de tous les honnêtes gens, amis ou adversaires, croyants ou incrédules.

Que leur conscience prononce!

VII

CE QU'IL FAUT CONCLURE

Il faut conclure que l'adversaire du surnaturel a montré plus d'animosité que de raison.

Car il vient d'être clairement prouvé que ses « Études critiques » sont infectées d'erreurs, erreurs de faits et erreurs de principes.

On a vu en même temps qu'il s'est trouvé réduit à construire tout un échafaudage d'hypothèses inadmissibles, que les faits auraient dû soutenir pour qu'elles eussent quelque autorité, et que les faits, au contraire, démolissent en les démentant.

C'est donc là qu'aboutit l'opiniâtre effort d'une haine ardente, acharnée à la recherche de ce qui pourrait détruire ou ébranler une histoire merveilleuse qu'elle a en horreur! Voilà tout ce qu'une sagacité farouche a pu trouver et réunir, même avec la complicité des livres et des articles amis où elle a pu s'éclairer à loisir!

Ah! il faut que le surnaturel de la Grotte Massabielle soit bien fortement établi, pour que le zèle infatigable de ses plus chauds ennemis soit obligé de recourir à de si impuissantes attaques.

Ce sera, sans aucun doute, la conclusion de tout esprit impartial.

Quant à l'estime profonde du docteur allemand pour sa propre science et à son superbe dédain envers qui ne partage pas son aversion du miracle, c'est le lecteur surtout qui doit dire ce qu'il convient d'en penser, je me réfère à son témoignage.

O vous donc, qui allez fermer ce petit livre, si vous désirez, comme j'aimerais à le croire, juger par vous-même dans leurs méthodes ceux qui attaquent le surnaturel et ceux qui le défendent, rappelez-vous, d'une part, les pages du docteur Christel, que je viens d'étudier devant vous, et, d'autre part, si inférieures qu'elles soient à beaucoup d'autres, lisez celles que j'ai écrites moi-même, dans *Un Miracle d'aujourd'hui* ou dans *l'Histoire critique des événements de Lourdes*.

Malgré les pédantesques forfanteries de celles-là, vous trouverez dans celles-ci, je l'espère, une autre clarté, une autre logique et un autre amour de la vérité.

Et peut-être me pardonnerez-vous de rappeler en finissant le mot célèbre de l'abbé Maury à ce révolutionnaire qui lui disait : « Vous vous estimez donc beaucoup? » On connaît sa réponse :

« Très peu quand je me considère, beaucoup quand je me compare. »

APPENDICE

J'avais d'abord l'intention de reproduire ici la plus grande partie des articles de mon contradicteur, pour que le lecteur pût en juger par lui-même. Mais cette longue citation eût été encombrante, et, de plus, en plusieurs endroits elle aurait constitué une redite, certains passages ayant déjà été reproduits dans mon texte, au cours de la discussion.

Voici du moins quelques courts extraits : ils suffiront à montrer, non la faiblesse du fond, ce que la discussion a établi, mais le caractère des développements, trop souvent inutiles ou prétentieux. Le texte a été traduit, par des hommes com-

pétents, d'une manière à peu près littérale, seul
moyen de ne pas le défigurer.

L'auteur déclare d'abord que tout serait à sou-
ligner dans ce qu'il va dire :

« Naturellement, je ne puis pas, dans l'impres-
« sion, faire espacer les lettres de tous les mots
« essentiels; voilà pourquoi je fais d'avance
« remarquer que chaque expression a été déter-
« minée et préméditée, au point que je ne puis
« rien en retirer ».

Tout a été donc pesé, même les mots, tout a été
approfondi, tout est définitif!

Un ouvrier parisien dirait dans son langage :
« Il ne se gobe pas un peu, ce monsieur-là. »

Plus loin, il convient de goûter, comme il le
mérite, ce bavardage en charabia; c'est à propos
des changements qui auraient pu se produire
dans la santé de la malade.

« A vrai dire, ce qui a été allégué jusqu'ici
« rend inutile une discussion détaillée sur ce
« point; il y a en effet vraiment si peu de chose
« qui soit saisissable qu'on ne peut naturellement
« l'employer pour juger la guérison. Cela ne peut
« servir que pour montrer clairement qu'avec
« des bases si défectueuses, il n'est pas scien-
« tifiquement permis de travailler. Mais
« il est tout à fait tentant de débarrasser ici

« encore une fois à fond le terrain du mince clin-
« quant scientifique, avec lequel on cherche à
« couvrir la nudité de l'impuissance (1). »

La discussion prouve, j'aime à le croire, que le
bon docteur a eu tort de succomber à la *tentation*,
si séduisante qu'elle fût. Il aurait mieux fait d'y
résister.

Ailleurs il triomphe et plaisante; on va voir
avec quelle littérature et quel esprit :

« Et maintenant si nous admettons que cette
« enflure dans la région de l'aine, dont nous avons
« parlé plusieurs fois, ait été vraiment un abcès
« migrateur, il est alors vraiment exhilarant de
« voir comment cet argument, mis en avant avec
« tant de suffisance pour prouver l'existence
« d'un mal de Pott, nous livre des armes pour
« anéantir tout l'éclat du miracle. »

Cette arme « exhilarante » c'est que l'abcès dis-
parut, on l'a vu plus haut, deux mois environ
avant le pèlerinage. C'est une preuve, d'après le
docteur qui se trompe grossièrement (1), que la
maladie avait disparu elle-même. Sur quoi l'écrivain exulte et s'écrie :

« Et voilà la clef de toute la légende du
« miracle!... c'est ainsi que Mlle Tulasne vint à
« Lourdes *guérie* dans un panier d'osier, pour y

(1) Je le montre pages 49 et suivantes.

« être guérie une seconde fois d'une manière
« miraculeuse et subite. Une chose cousue deux
« fois tient mieux. »

A-t-on besoin d'apporter des preuves, quand on
a l'esprit si pétillant et si fin?

La dernière ligne jette une suprême fusée. La
voici, avec ce qui la prépare; c'est toute la conclusion :

« Les lignes précédentes ne sont point du tout
« une polémique, mais seulement la caractéris-
« tique d'un point de vue et l'exposé des motifs
« de ce dernier. (1) De tels contrastes, un tribunal
« arbitral même ne peut les faire disparaître...
« Il a été démontré (?) ailleurs déjà que la question
« du miracle n'a pas seulement un intérêt scien-
« tifique, mais encore pratique. Si nous admet-
« tons que, depuis cinquante ans, tous les ans
« 250.000 pèlerins vont à Lourdes — c'est avec
« intention que je prends un chiffre inférieur —
« et que nous supposions pour chacun une
« dépense de 100 Mk. en moyenne, on obtient la
« belle petite somme de 1.250.000.000 Mk. qui,
« depuis cette époque, ont été sacrifiés par les

(1) Ce style me déroute un peu. Mais si je comprends bien,
le docteur a voulu défendre une opinion en combattant l'opinion contraire. Si ce n'est pas de la polémique, qu'est-ce donc?

« pays environnants, pour combien de guéri-
« sons? Méthode thérapeutique chère, ces mira-
« cles de Lourdes! »

Et voilà, n'est-ce pas, une solide réfutation du
surnaturel, voilà un argument sérieux et pro-
fond, bien digne de justifier les prétentions de
l'auteur à la supériorité scientifique dans la discussion!...

Tout de même, le Dr Christel aurait peut-être
bien fait de ne pas finir par un raisonnement de
commis-voyageur.

TABLE

TYP. DUCAUX, BEAUMONT-SUR-OISE

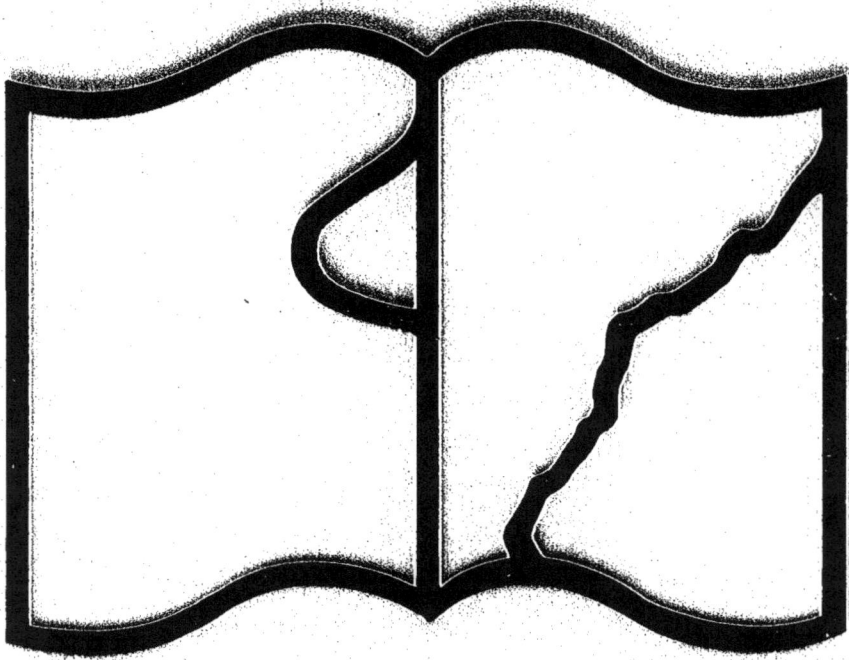

Texte détérioré — reliure défectueuse

Contraste Insuffisant

www.ingramcontent.com/pod-product-compliance
Lightning Source LLC
Chambersburg PA
CBHW071821090426
42737CB00012B/2155